和えもの百科

日本料理店の和えもの
アイデアと技法

はじめに

　日本料理に欠かせない品でありながら、ちょっと地味で、あまり光が当たってこなかった——そんなイメージがあるのが和えものかもしれません。

　「和える」を辞書で引くと、「野菜・魚介類などに味噌・胡麻・酢・辛子などをまぜ合わせて調理する」(広辞苑第六版)とあります。つまり、素材と調味料が混ぜ合わさっていれば、それすなわち和えものということ。
　素材の下処理はゆでる、蒸す、浸す、漬ける、焼く、炙る、揚げるなど多種多様で、合わせる調味料＝和え衣にも無数のバリエーションがあります。そこには、日本料理の技術の真髄が詰まっていると言って、言いすぎではないでしょう。

　本書は、6店の日本料理店による98品を5章に分けて掲載しています。1章と2章では、「ゴマ和え」「白和え」という基本の和えものとその発展型を、3章〜5章では、素材別に実用性の高いレシピを紹介します。伝統的な仕事あり、目から鱗のオリジナルの衣あり。その一品一品に料理人の狙いが込められています。
　具材と衣が合わさることで新しい魅力が生まれる。そんな和えものの世界にふれていただければ幸いです。

この本を使う前に

・何人分かの記載がない場合は、作りやすい分量を示します。

・分量は容量表記、重量表記、割合表記が混在していますが、
　これは各取材店での使いやすい表記をそのままご紹介しているためです。

・材料中、単に「だし」とある場合は基本的に
　カツオ昆布だし(一番だしもしくは二番だし)を使用しています。

・レシピ中の分量や加熱時間などはあくまでも目安です。
　好みの味になるようご自身で調整してください。

目次

chapter 1 ゴマ和え

10 大根そばの煎りごま和え
11 きのこと菊菜のすりごま和え
12 柿と蕪の切りごま和え
13 ちぢみ法蓮うて菜と牛蒡のごま和え
14 牡蠣とゆり根の胡麻あん
15 アイゴの胡麻だし和え 大葉包み
16 ズッキーニ塩麹づけ、茸の焼き浸し、利休麩のごま和え
17 あげ、隠元、クラゲのごま酢和え
18 鯛と豆苗と茗荷のピリ辛ごま味噌酢和え
19 カニカマと春菊ときのこと菊花の胡麻酢和え
20 白ずいきとクラゲのごま和え
21 ホッキ貝とインゲンのごま和え 生姜醤油
22 ほうれん草のお浸し 椎茸炭火焼 ごま酢和え
23 鮑と根芋の黒ごま味噌和え

chapter 2 白和え

26 干瓢と大徳寺麩 ユリネ 栗 干し椎茸の白和え
27 あん肝と小芋、辛子豆腐和え
28 ささみ、シメジ、マスカット、ささげの白酢和え
29 ひじきの白和え
30 芝海老と白キスの白和え
31 氷蒟蒻の白酢和え
32 菊月 梨と菊花の白和え
34 トウモロコシ、アスパラガス、海老の湯葉和え
35 巨峰、さくらんぼ、マンゴーの白和え
36 揚げアボカドとトマトの白酢和え

37	海老と枝豆とひじきの和風白和え
38	ピータンとトマトと生木耳と高菜の中華白和え
39	桃とブドウとナッツの洋風白和え

chapter 3 魚介の和えもの

42	アオリイカのからすみ和え
43	イカ明太和え
44	やりいかと金糸瓜とおかひじきの明太子和え
45	タコとジャガイモとモロッコいんげんの大葉ジェノベーゼ和え
46	海老と青菜の松の実和え
47	海老とアボカドと長芋のなめたけ和え
48	赤貝のぬた
49	浅利臭和え
50	鮑の肝和え
52	岩牡蠣と賀茂茄子 柚子味噌和え
53	サザエと新ゴボウの梅肉和え
54	ツブ貝のぬた、ワケギ
55	小帆立とゴーヤの柚子胡椒サルサソース和え
56	北寄貝、南京麩、モロッコインゲンの一味酢味噌和え
57	鯵と薬味、太白醤油和え
58	鯵と胡瓜と若芽の青唐醤油和え
59	穴子とかつら瓜、土佐酢和え
60	甘鯛のおろし和え　くちこ
61	鮎の背越　緑酢和え
62	イワシの梅おろし和え
63	鰻と焼き茄子、梅おろし和え
64	カジキマグロと万願寺唐辛子とかぼちゃの青唐味噌たまごそぼろ和え
65	きらすまめし
66	鰹の玉ねぎ醤油和え

67	鰹と芥子椎茸の酒盗和え
68	カマスの緑酢和え
69	クロムツ、ハスイモ、ダツの梅肉和え
70	鮭の青ぬた
71	スモークサーモンと筋子とオクラの叩きモロヘイヤ長芋和え
72	鮭と舞茸と里芋と奈良漬の酒粕味噌ソース和え
73	締めサバと聖護院かぶらの林檎和え
74	鯛尾煮凝り　おろしポン酢和え
76	鱸のむしり身の蓼酢和え
77	炙り太刀魚とアスパラガスと花びら茸の黄身醤油和え
78	鱧の鱧子和え　梅肉　胡瓜
79	鱧の親子和え
80	ぶり　りゅうきゅう
81	マグロのぬた
82	鮪納豆味噌和え、ワケギ

chapter **4**　野菜、果物、豆の和えもの

86	三種和え　白ウリ、ミョウガ、蒟蒻
87	夏野菜の和え物
88	冷やしミニおでんのみがらし味噌和え
90	いちじくのくるみ味噌和え
91	いちじくと加茂茄子と生麩の田楽味噌和え
92	精進和え　白隠元豆、海藻、スダチ
93	蕪の梅肉鰹節和え
94	きのことイクラのおろし和え
95	キャベツの金山寺味噌和え
96	キャベツと紫玉葱と生ハムのヴィネグレットソース和え
97	うるか小芋
98	小松菜と油揚げのお浸し

99	白瓜なまり節和え
100	すぐきとリンゴのクリームチーズ和え
101	筍と粟麩の木の芽味噌和え
102	だしがら煎り煮　豆腐　カリカリ梅　青菜
103	茄子のずんだ和え　ウニ　鮑
104	水茄子と新銀杏、ずんだ和え
105	はじき葡萄
106	玉露とマスカットの山葵酢和え
107	ブロッコリー　へしこヌカスパイス和え
108	百合根　梅ケ香和え
109	新蓮根と小松菜と鶏胸肉の塩昆布和え

chapter 5　肉の和えもの

112	アスパラと牛肉の黄身餡和え
113	鴨のがぜち和え
114	合鴨蒸し煮、水菜、鷹峯トウガラシの海苔山葵和え
115	鴨とフェンネルの人参たれ和え
116	鴨と無花果とくるみ、無花果和え
117	鶏、茄子ぬか漬け、ネギのみぞれ和え
118	鶏肉塩麹焼きとオクラと落花生のとうもろこしあん和え
119	豚とキノコの朴葉味噌和え
120	黒豚と長葱と焼きとうもろこしの牛蒡すり流し和え

122	衣図鑑
132	取材店一覧
134	店別索引

1 chapter
ゴマ和え

大根そばの煎りごま和え

01
八雲茶寮

そばとダイコンのせん切りを具材とし、柔硬の食感の違いで楽しさを演出。
具材を盛った器に冷たいそばつゆを張り、客席で煎り立て、熱々のゴマをかけて、
パチパチと爆ぜる音とゴマの香りの広がりを楽しんでもらう。
蓋付きの器を用いれば、さらに香りにフォーカスした一品に。

材料〈2人分〉

- そば …… 60g
- ダイコン …… 30g
- ワサビ …… 適量
- そばつゆ* …… 適量
- みがきゴマ …… 適量

*そばつゆ／だし、醤油、ミリンを5：1：1の割合で合わせて加熱したもの

作り方

1 そばをゆで、水で洗って締める。
2 ダイコンをせん切りにし、軽く湯通しする。
3 ①と②を器に盛り、針に切ったワサビを添える。冷たいそばつゆをやや多めに張る。
4 厚手の鍋でみがきゴマを煎る。ぷっくりハリのある感じに色づき、鍋底に油がにじんで来たら完成。
5 ④を客前で③にかける。その際、そばつゆと器の縁に当たるようにしてゴマの爆ぜる音と香りを楽しんでもらう。

きのこと菊菜のすりごま和え

02
八雲茶寮

みがきゴマを半ずりにして、コクを出しつつ食感も残した和え衣とした。
キノコや青菜などのさっぱりした具材に合わせて、
柔らかな酸味をまとわせられ、旨味も豊富なカボス果汁を絞って仕上げる。
より切れのある酸味を出したい時はスダチを使用するとよい。

材料

シメジ …… 適量
マイタケ …… 適量
塩 …… 少量
シュンギク …… 適量
みがきゴマ …… 100g
だし醤油* …… 100g
カボス …… 適量

*だし醤油／だし、淡口醤油、ミリンを14：2：1の割合で合わせたもの

作り方

1 シメジとマイタケは掃除してフライパンで焼き、軽く塩をふる。軸の部分は切り取って取りおく。
2 シュンギクはサラダ油を熱したフライパンでさっと焼く（葉の一部は生のまま取りおく）。
3 ①のキノコの軸と、②で焼いたシュンギクの軸をきざみ、すり鉢でする。煎り立てのみがきゴマを加え、半ずりにする。生のシュンギクの軸をきざんで加え、だし醤油で味をととのえる。
4 ①のシメジとマイタケ、②のシュンギクを器に盛り、③を添える。カボス果汁を絞る。

柿と蕪の切りごま和え

03
八雲茶寮

浅煎りのみがきゴマを切りゴマにして柿とカブをさっと和え、
和える素材の持ち味を生かすライトな仕上がりのゴマ和えに仕立てた。
器は150年の年月を重ねた古い黒柿の板皿。
走りのカブ、旬の柿、名残のキュウリを合わせ、「今ここ」を表現した一品だ。

材料〈2人分〉
- 柿 …… 1個
- カブ …… 1/4個
- キュウリ …… 1/5本
- 生麩揚げ炊き …… 適量
- シイタケ旨煮 …… 適量
- みがきゴマ …… 適量
- スダチ …… 適量

作り方
1. 柿は皮をむいて拍子木切りにする。
2. カブは皮をむいて細めの拍子木切りにする。キュウリも同様に切り、それぞれ塩水(分量外)に浸して下味をつける。
3. みがきゴマを煎り、包丁で粗くきざむ。
4. ①、②、適宜に切った生麩揚げ炊きとシイタケ旨煮(ともに解説省略)を合わせ、③の切りゴマで和える。スダチ果汁を絞る。

ちぢみ法蓮うて菜と牛蒡のごま和え

04
八雲茶寮

みがきゴマをぷっくりふくらむまで煎り、よくすって油を出したコクのある衣に、縮みホウレンソウの軸（うて菜）など濃い秋冬の野菜を合わせた。
衣は2回裏漉しするが、「その日の湿度などで状態が変わる」（梅原氏）ため、煮切り酒を加えて好みの固さに調整して用いる。

材料

縮みホウレンソウの軸 …… 適量
ゴボウ …… 適量
ニンジン …… 適量
ダイコン …… 適量
ギンナン …… 適量
ゴマペースト
　みがきゴマ …… 300g
　煮切り酒 …… 200g
　淡口醤油 …… 15g
　濃口醤油 …… 15g
　砂糖 …… 15g（お好みで）

作り方

1　縮みホウレンソウの軸は適宜の長さに切る。ゴボウ、ニンジン、ダイコンは細めの拍子木切りにする。
2　①の野菜類とギンナンを太白ゴマ油（分量外）で素揚げにする。
3　ゴマペーストを作る。みがきゴマをぷっくり膨らむまで煎り、すり鉢でよく油が出るまでする。その他の材料と合わせる。砂糖は好みで加える。
4　③を2回裏漉しする。煮切り酒（分量外）で好みの濃度に調整する。
5　②の野菜類を④の衣で和えて器に盛る。

牡蠣とゆり根の胡麻あん

05
八雲茶寮

「海のミルク」の別名を持つ牡蠣に、「畑のミルク」のゴマを合わせた。
ゴマは昆布だしでもどしてから葛粉とともに練ってゴマ餡に。
火入れにより甘みと香りが開いた瞬間のゴマの風味を楽しんでもらう。
香ばしさが欲しい場合は煎りゴマを用いるとひと味違った味わいに。

材料

ゴマ餡
　みがきゴマ 300g
　昆布だし 1800g
　葛粉 200g
　酒 100g
　塩 ...... 少々
牡蠣 1個
ユリネ ...... 適量
白ネギ ...... 適量
ナガイモ ...... 適量
若実山椒の醤油煮 ...... 適量

作り方

1 ゴマ餡を作る。みがきゴマと昆布だしを合わせ、一晩冷蔵庫におく。
2 ①をミキサーにかけてゴマミルクを作り、布漉しする。
3 ②に葛粉（ダマならないよう少量のゴマミルクで溶いておく）を溶かし、酒と塩を加え混ぜる。
4 牡蠣は軽く酒蒸しして一口大に切る。蒸し汁と殻は取りおく。
5 ユリネは蒸す。白ネギは1cm幅の輪切りにし、④の蒸し汁で蒸し煮にする。ナガイモは1cm角に切り、④の蒸し汁で蒸し煮にした後、太白ゴマ油（分量外）で揚げる。
6 牡蠣の殻に④、⑤、若実山椒の醤油煮を盛り込む。
7 提供前に③を火にかけ、練り上げる。ゴマの香りが立ち、好みの固さになったら⑥の牡蠣の上にかける。

アイゴの胡麻だし和え 大葉包み

06 八雲茶寮

焼き魚のほぐし身にゴマ、醤油、ミリンなどを混ぜて作る
大分県佐伯市の伝統調味料「ごまだし」を、活用に向けた取組みが進む
未利用魚アイゴで仕立てた。現地ではうどんやお茶漬けに合わせることが多いが、
ここでは歯ごたえのよい野菜類とともに大葉で巻いてフィンガーフードに。

材料〈2人分〉

アイゴのごまだし
- アイゴ*の一夜干しA …… 300g
- みがきゴマ …… 120g
- 淡口醤油 …… 100g
- ミリン …… 50g
- 砂糖 …… 10g

アイゴの一夜干しB …… 1枚
オオバ …… 適量
野菜類
（タクアン漬け、キュウリ、ダイコン、セロリ）…… 適量

*アイゴ／本州以南の海で獲れるアイゴ科の魚。浅い海で海藻を食べて育つ。長らく未利用魚であったが、藻場の「磯焼け」を防止するため、活用に向けた取組みが進んでいる。今回は大分県佐伯市、やまろ渡邉の製品を使用

作り方

1. アイゴのごまだしを作る。アイゴの一夜干しAを焼き、小骨を取り、身をほぐしておく。みがきゴマは煎ってする。
2. ①とその他の材料をすり鉢に入れ、すりこぎですり潰しながら合わせる。
3. アイゴの一夜干しBを焼き、小骨を取る。大きめに身をほぐす。
4. オオバにせん切りにした野菜類、②のアイゴのごまだし、③のアイゴの一夜干しをのせ、巻き上げる。

ズッキーニ塩麹づけ、茸の焼き浸し、利休麩のごま和え

07
悠々

煎りゴマを油脂がしみ出るまで20〜30分かけてすって
コクを引き出した和え衣が、植物性の具材の淡い味わいを力強く支える。
衣の濃度は、具材のシイタケの焼き浸しの地でのばして調整。
衣をダレさせないためには提供直前に仕上げることが欠かせない。

材料〈2人分〉

- ズッキーニ …… 1本
- 塩麹 …… 適量
- シイタケ …… 2個
- 八方地*1 …… 適量
- 利休麩 …… 適量
- 利休麩の地*2 …… 適量
- ゴマ和えの衣
  - 白ゴマ …… 10g（すった状態で）
  - 砂糖 …… 5〜10g
  - 濃口醤油 …… 3〜5mL
  - シイタケの地 …… 少量
- 白ゴマ …… 適量

＊1 八方地／カツオ昆布だしに塩と淡口醤油を加えたもの
＊2 利休麩の地／カツオ昆布だしに砂糖と濃口醤油を加えたもの

作り方

1. ズッキーニを一口大に切り、塩麹をまぶして一晩漬ける。
2. シイタケを焼き、八方地に一晩浸ける。細切りにして水気をきる。
3. 利休麩を湯通しして油抜きし、利休麩の地で炊く。食べやすい大きさに切る。
4. ゴマ和えの衣を作る。白ゴマを煎り、すり鉢で油が出るまで20〜30分間する。砂糖と濃口醤油で味をととのえる。②のシイタケを浸けた地を加え、濃度を調整する。
5. ①〜③を合わせ、④の衣で和える。器に盛り、煎った白ゴマを散らす。

あげ、隠元、クラゲのごま酢和え

08
悠々

コリコリしたクラゲにキュウリやイトウリなど歯ごたえのある野菜を合わせ、
酸味のきいたゴマ酢で和えて夏向きのさっぱりとした味わいに。
無色透明のイトウリは濃口醤油ベースの地に浸けて軽く色付けすると、
見た目のバランスがよくなり統一感を出すことができる。

材料〈2人分〉

ゴマ酢
| 白ゴマ …… 10g
| （すった状態で）
| 砂糖 …… 5〜10g
| 濃口醤油 …… 3〜5mL
| 土佐酢*1 …… 10mL
クラゲ（塩蔵）…… 8g
キュウリ …… 1本
イトウリ …… 1/4個
サヤインゲン …… 適量
八方地 …… 適量
白ゴマ …… 適量

*1 土佐酢／カツオ昆布だし1200mLに 酒50mL、ミリン50mL、濃口醤油50mL、淡口醤油50mLを加え、沸かす。米酢260mLとカツオ節ひとつかみを加えて火を止め、半日おいて漉したもの

作り方

1 ゴマ酢を作る。白ゴマを煎り、すり鉢で油脂が出るまで20〜30分間する。砂糖、濃口醤油、土佐酢を加え混ぜる。

2 クラゲをもどし、一口大に切って土佐酢に浸ける。

3 キュウリをかつらむきして水玉キュウリを作る（芯の部分は切り落とす）。しばらく塩水（分量外）に浸けてから水気を絞り、土佐酢に浸けておく。

4 イトウリを塩ゆでしてほぐす。八方地に浸ける。

5 サヤインゲンを塩ゆでする。八方地に浸ける。提供前に長さ1.5cmに切る。

6 ②〜⑤の水気をきって合わせ、①のゴマ酢で和える。器に盛り、煎った白ゴマをふる。

鯛と豆苗と茗荷のピリ辛ごま味噌酢和え

09

旬の菜と
旨い酒
おおはま

「鯛茶漬け」から発想した、タイとゴマ味噌酢の組合せ。
「そのままつまんでも、ご飯にのせてもおいしい」(大濱氏)という
ゴマ味噌酢は白味噌ほど甘くなく、麦味噌ほどクセが強くない信州味噌に、
味噌と好相性のカンズリを加えてピリ辛に仕立てたもの。

材料

タイ …… 適量
トウミョウ …… 適量
ミョウガ(せん切り) …… 適量
ピリ辛ゴマ味噌酢
(数字は割合)
　白ゴマ …… 1
　練りゴマ …… 1
　酢 …… 1
　信州味噌 …… 1
　煮切りミリン*1 …… 適量
　煮切り酒*1 …… 適量
　カンズリ*2 …… 適量

*1 煮切りミリンと煮切り酒/ミリンと酒は合わせてから煮切ってもよい
*2 カンズリ/新潟県に伝わる発酵辛み調味料。天日干しにしたトウガラシ、米麹、ユズ、塩を混ぜて熟成・発酵させたもの

作り方

1　タイを三枚におろす。皮をむき、身を細切りにする。
2　トウミョウを塩ゆでし、水気をきる。食べやすい大きさに切る。
3　ピリ辛胡麻味噌酢を作る。すり鉢で白ゴマをすり、練りゴマと酢を加え混ぜる。信州味噌、煮切りミリン、煮切り酒を少量ずつ混ぜ、好みの甘さと硬さに調整する。カンズリを加える。
4　①、②、ミョウガを③で和える。

カニカマと春菊ときのこと菊花の胡麻酢和え

10
旬の菜と
旨い酒
おおはま

カニカマとシュンギクという意表をつく組合せをゴマ酢の酸味でまとめた。
ゴマ酢はだしを加えずキレのある味わいとしており、日持ちしやすいのも利点。
カニカマに切り干しダイコンやキュウリを合わせた冷やし中華風の品も人気で、
「もちろん、本物のカニを使ってもおいしいです」(大濱氏)。

材料

ゴマ酢(数字は割合)
- 白ゴマ …… 3
- 酢 …… 3
- 砂糖 …… 1
- 淡口醤油 …… 0.5

キノコ(シメジ、マイタケ)
…… 適量

地* …… 適量
シュンギク …… 適量
菊花 …… 適量
カニカマ …… 適量

*地/だし、淡口醤油、ミリンを8:1:1の割合で合わせたもの

作り方

1. ゴマ酢を作る。白ゴマをすり、その他の材料を加えてさらにすり混ぜる。
2. キノコは地で炊き、そのまま浸けておく。
3. シュンギクを塩水(分量外)でゆがく。冷めたら②の地に浸けておく。
4. 菊花を酢水(分量外)でゆがく。
5. ②、③、④、割いたカニカマを①のゴマ酢で和える。

白ずいきとクラゲのごま和え

11
京料理
直心房
さいき

才木氏のゴマ和え衣は、最初にゴマと塩のみをするのがポイント。
「塩でゴマの味の輪郭をはっきりさせてから、調味料を必要なだけ加えます」。
ズイキとクラゲの小気味よい食感がゴマの香りと合わさって、
食欲の落ちる夏場に適した、滋養にいい仕立てに。

材料

和え衣
- 白ゴマ ―― 1kg
- 塩 ―― 少量
- 砂糖 ―― 大さじ3
- 淡口醤油 ―― 大さじ1.5
- 昆布だし ―― 適量

白ずいき
- 白ズイキ*1 ―― 適量
- 八方地*2 ―― 適量

くらげ
- クラゲ(塩蔵) ―― 適量
- クラゲの地*3 ―― 適量

伏見トウガラシの焼き浸し ―― 適量

*1 白ズイキ／ズイキ(サトイモの葉柄)を軟白栽培したもの。あらかじめタカノツメ、酢、ダイコンおろしを加えた湯でゆがき、水で洗っておく
*2 八方地／二番だしに酒、塩、淡口醤油を加えた地
*3 クラゲの地／二番だしに酢、淡口醤油、ミリンを加えた地

作り方

1 和え衣を作る。白ゴマを煎り、塩を加えてすり鉢でする。
2 ①を裏漉しし、砂糖、淡口醤油、昆布だしを加えてのばす。
3 下ゆでした白ズイキを八方地で炊く。
4 クラゲをもどしてから、クラゲの地で炊く。
5 食べやすい大きさに切った③と④を①の和え衣で和え、器に盛る。細切りにした伏見トウガラシの焼き浸し(解説省略)を天盛りする。

ホッキ貝とインゲンのごま和え 生姜醤油

12
赤坂
おぎ乃

煎り立て、すり立てのゴマにショウガ醤油をたらしたシンプルな和え衣で、
さっと焼いたホッキ貝を味わうカウンター仕事ならではの一品。
口休めに添えた新ショウガの甘酢漬けが、
ショウガ醤油のキリッとした辛味を穏やかにしずめる。

材料〈1人分〉

ホッキ貝 …… 1個
サヤインゲン …… 適量
白ゴマ …… 適量
ショウガ醤油（数字は割合）
　ショウガの絞り汁 …… 1
　濃口醤油 …… 1
新ショウガの甘酢漬け …… 適量

作り方

1 ホッキ貝をさばいて身を取り出し、炭火で半生にあぶる。
　食べやすい大きさに切る。
2 サヤインゲンを塩ゆでし、食べやすい大きさに切る。
3 白ゴマを煎り、すり鉢でする。
4 ショウガ醤油の材料を合わせる。
5 器に②のサヤインゲンを敷き、④のショウガ醤油をまぶ
　した①のホッキ貝を盛る。③の白ゴマをのせる。
6 新ショウガの甘酢漬けを添える。

ほうれん草のお浸し　椎茸炭火焼き　ごま酢和え

13
赤坂
おぎ乃

ホウレンソウのお浸しの地は、二番だしをベースにやや濃い目に味つけしたもの。
ここに焼きシイタケの香りが溶け込んで、深みのある味わいになる。
ゴマ酢はゴマは煎ってからミキサーでペーストに。
冷えると固まりやすいので、温かい煮切り酒と酢で濃度を調整する。

材料

ホウレンソウ……適量
お浸しの地*……適量
シイタケ……適量
ゴマ酢
　白ゴマ……500g
　濃口醤油……50g
　砂糖……80g
　白漉し味噌……200g
　煮切り酒……適量
　酢……適量

＊お浸しの地／二番だしに塩と淡口醤油を加えてやや濃い目に味をつけたもの

作り方

1　ホウレンソウはゆでて水気をきる。適宜の長さに切り、お浸しの地に浸ける。
2　シイタケは炭火で焼く。薄切りにしてお浸しの地に浸ける。
3　ゴマ酢を作る。白ゴマを煎り、ミキサーで撹拌してペーストにする。濃口醤油、砂糖、白漉し味噌を加え混ぜてゴマ味噌とする。提供時に少量をとり、温めた煮切り酒と酢を加えて濃度と味を調整する。
4　①と②を器に盛り、③のゴマ酢をかける。

鮑と根芋の黒ごま味噌和え

14
江戸前
芝浜

柔らかで味わい深い蒸しアワビに合わせたのは
黒ゴマと白味噌で作った、やや甘口でコクのある黒ゴマ味噌。
アワビは切り落とした端の部位などを有効活用してもよく、
時季の野菜と合わせて、さっと提供できる割烹的な品に仕立てた。

材料

黒ゴマ味噌
- 黒ゴマ……20g
- 白味噌……1g
- 煮切りミリン……少量
- 濃口醤油……少量

根イモ*……1本
ダイコンおろし……適量
タカノツメ……適量
酢……適量
八方だし……適量
蒸しアワビ……適量
ミツバ……適量

*根芋／サトイモの芽を遮光して軟白栽培した野菜

作り方

1 黒ゴマ味噌を作る。黒ゴマをよく煎り、すり鉢でする。白味噌、煮切りミリン、濃口醤油を加え混ぜる。
2 根イモを適宜に切り、ダイコンおろし（皮ごとおろしたもの。水分をきらずに使う）、タカノツメ、酢を加えた水でゆがく。水にさらし、アクを抜く。
3 ②を八方だしで煮る。煮汁に浸したまま冷ます。
4 蒸しアワビ（解説省略）に包丁目を入れ、適宜の大きさに切る。
5 器に水気をきった③の根イモを盛り、①の黒ゴマ味噌をかける。④のアワビをのせ、ゆでたミツバを添える。

chapter 2

白和え

干瓢と大徳寺麩 ユリネ 栗 干し椎茸の白和え

15
京料理
直心房
さいき

一見すると精進の具材を取り合わせた白和えだが、実際は
酢を含ませたカンピョウを噛むことで、口中で白酢和えが完成するという趣向。
「豆腐に酢を入れる通常の白酢だと、味が均一になりすぎる気がして」と才木氏。
他に酢をゼリーや寒天で寄せる、柑橘のほぐし身を加える、などの手法も活用できる。

材料

カンピョウ …… 適量
カンピョウの地*1
…… 適量
大徳寺麩 …… 適量
八方地 …… 適量
ユリネ …… 適量
クリ …… 適量
干しシイタケ …… 適量
干しシイタケの地*2
…… 適量

白和えの衣
│ 京豆腐*3 …… 1丁
│ 塩 …… 小さじ1/2
│ 砂糖 …… 小さじ1
│ 淡口醤油 …… 小さじ1/2
松の実 …… 適量

*1 カンピョウの地／二番だし
に砂糖と酢を加えたもの
*2 干しシイタケの地／二番だし
に砂糖と淡口醤油を加えたもの
*3 京豆腐／京都で多く食べ
られているタイプの豆腐で、絹
ごし豆腐と木綿豆腐の間ほど
の食感で、喉越しよく仕立てた
もの

作り方

1 カンピョウは塩（分量外）で揉んで汚れを落とし、ゆでる。カンピョウの地で炊き、適宜の大きさに切る。

2 大徳寺麩はゆでて八方地でさっと炊く。

3 ユリネはばらして塩ゆでする

4 クリは米のとぎ汁（分量外）でゆで、バーナーで表面を焼く。

5 干しシイタケは水でもどしてから干しシイタケの地で炊く。

6 白和えの衣を作る。京豆腐をさらしで包んで一晩おき、自然に水切りする。塩を加えながらすり鉢ですり、砂糖と淡口醤油で調味する。

7 ①〜⑤を⑥の衣で和えて器に盛る。煎った松の実をのせる。

あん肝と小芋、辛子豆腐和え

16
京料理
直心房
さいき

辛子風味の白和え衣と、あん肝のコンフィ、イクラの組合せ。
白和え衣は豆腐の水分を必要以上に切らないよう、布で包んで
重しをせずに水切りし、旨味を含んだ水を内部に留めることを心がける。
この豆腐をごくなめらかに裏漉しし、料理屋らしい端正な白和えに。

材料

あん肝
　アンコウの肝 …… 1個
　塩 …… 適量
　ゴマ油（深煎り）
　　…… 適量
小イモ …… 適量
つめ昆布* …… 適量
二番だし …… 適量
塩 …… 適量
淡口醤油 …… 適量

和え衣
　京豆腐 …… 1丁
　一番だし …… 500mL
　淡口醤油 …… 大さじ3
　練り辛子 …… 適量
イクラの塩漬け
　…… 適量

*つめ昆布　とろろ昆布を削った後に残る昆布の株の部分。煮くずれしにくく、ぬめり、や余計な風味が出にくい

作り方

1　あん肝を作る。血抜きしやすいよう、アンコウの肝の太い血管に包丁を刺してから飽和食塩水（分量外）に1時間浸ける。水気をきり、ゴマ油に浸して75℃で4時間蒸す。
2　小芋は米の研ぎ汁（分量外）でゆでてから、つめ昆布を加えた二番だしで炊き、塩と淡口醤油で味をととのえる。
3　和え衣を作る。京豆腐をさらしで包んで一晩置き、自然に水切りする。適宜に切ってバットに入れ、一番だし、淡口醤油、練り辛子を合わせて沸かしたものを注ぎ、ラップをかける。粗熱がとれたら冷蔵庫に入れ、1日ねかせる。提供前にさらしをかけた漉し器で裏漉しする。
4　適宜に切ったあん肝と小イモを④の衣で和える。器に盛り、イクラの塩漬けを添える。

ささみ、シメジ、マスカット、ささげの白酢和え

17
京料理
直心房
さいき

しっかり霜降りして昆布で締めた鶏ササミを白酢和えにした。
具材が肉や魚の場合、柑橘果汁のほうがさっぱり食べられるという意図から、
白酢は穀物酢ではなくレモン果汁で酸味をつけたものを使用。
「甘みのバランスを酢でととのえる」イメージで、醤油を控えめに甘酸っぱく仕上げる。

材料

- 鶏ササミ …… 適量
- 昆布 …… 適量
- シメジ …… 適量
- 八方地 …… 適量
- マスカット …… 適量
- サヤインゲン …… 適量
- 白酢
  - 京豆腐 …… 1丁
  - 塩 …… 小さじ1/2
  - 砂糖 …… 小さじ1
  - 淡口醤油 …… 小さじ1/3
  - レモン果汁 …… 1/4〜1/2個分
- キンカンのサングリア煮* …… 適量

*キンカンのサングリア煮／キンカンを白ワインのサングリアで煮詰めたもの

作り方

1. 鶏ササミは筋を取ってしっかりと霜降りし、昆布締めする。
2. シメジは八方地で炊く。
3. マスカットはスライスする。
4. サヤインゲンはゆでて八方地に浸ける。
5. 白酢を作る。京豆腐をさらしで包んで一晩置き、自然に水切りする。すり鉢に入れ、塩を加えて豆腐の旨味が感じられるまでする。裏漉しして、砂糖、淡口醤油、レモン果汁で味をととのえる。
6. ①〜④を⑤の白酢で和え、器に盛る。キンカンのサングリア煮をきざんでのせる。

ひじきの白和え

18
江戸前
芝浜

「江戸時代のとある料理番付には4種もの異なる白和えが載っていて、その人気のほどがわかります」と海原氏。
当時の白和えは味噌を加えることが多かったが、ここでは豆腐と塩のみのシンプルな衣で、煮干しだしで炊いたヒジキの風味を引き立たせた。

材料〈2人分〉

白和え衣
  豆腐（木綿） …… 1丁
  塩 …… ひとつまみ
芽ヒジキ（乾燥） …… 25g
煮干しのだし* …… 500mL
酒 …… 90mL
濃口醤油 …… 15mL
米油（またはゴマ油） …… 1滴

＊煮干しのだし／頭とワタを取り除いた煮干し10gをから煎りし、水700mLで30分ほど煮出し、漉したもの

作り方

1 白和え衣を作る。豆腐をキッチンペーパーで包み、冷蔵庫に半日以上おいて水気をきる。
2 ①をすり鉢ですり、塩で味をととのえる。
3 芽ヒジキは水でもどし、水洗いして汚れを落とす。水気をきっておく。
4 煮干しのだしを沸かし、酒、濃口醤油、米油を加える。③のヒジキを入れて煮汁がなくなるまで煮る。必要に応じて、酒、ミリン、醤油（すべて分量外）で味をととのえる。
5 ④のヒジキを②の白和え衣で和える。

芝海老と白キスの白和え

19
江戸前 芝浜

「江戸前 芝浜」が店を構える東京・芝の海でかつて揚がっていたであろう
シバエビやシロギスを酒煎りし、白和えに仕立てた。
衣は絹ごし豆腐をすってから裏漉してなめらかなテクスチャーとし、
さらに卵の素でコクを加えて魚介との相性を高めている。

材料

白和えの衣
- 豆腐（絹ごし）……1丁
- 塩……ひとつまみ
- 卵の素……小さじ2

シバエビ（むき身）……適量
煮切り酒……適量
シロギス……適量
白味噌……適量
白ネギ……適量

＊卵の素／卵黄にサラダ油を加え、なめらかになるまで撹拌したもの。つなぎとして用いる

作り方

1 白和えの衣を作る。豆腐をキッチンペーパーで包み、冷蔵庫に半日ほどおく。裏漉しし、塩と卵の素を加えすり鉢でする。
2 シバエビのむき身を1％の塩水（分量外）で洗い、煮切り酒で酒煎りにする。煮汁に浸しておく。
3 シロギスの上身を1％の塩水（分量外）に一晩浸す。浸るほどの水に入れて、水分が少量になるまで水煮にする。
4 ②と③の煮汁に白味噌を粗めに溶き、シバエビとシロギスを和える。
5 器に④を盛り、①の衣をかける。白ネギのみじん切りをふる。

氷蒟蒻の白酢和え

20
江戸前
芝浜

江戸時代は、「蒟蒻百珍」という書物が出るほどにコンニャクが人気食材だった。ここで使った氷コンニャク（凍みコンニャク）は、寒い冬場に凍結と解凍をくり返してスポンジ状になった独特の食感が持ち味。噛むと煮汁がじゅわっとあふれ、酸味のきいた白酢の風味と混ざり合う。

材料〈2人分〉

白酢
　豆腐（絹ごし）
　塩 …… ひとつまみ
　米酢 …… 適量
凍みコンニャク* …… 2枚
酒 …… 90mL
濃口醬油 …… 15mL
水 …… 90mL

＊凍みコンニャク／茨城県に伝わる伝統食品。厳冬期に藁を敷いた畑にコンニャクを並べ、水をかけては夜間に凍らせ、昼間の日光で解凍させることを20日ほどくり返して作る。水分が抜けてスポンジ状になったものを、ゆでてもどして使う

作り方

1　白酢を作る。豆腐をキッチンペーパーで包み、冷蔵庫に半日以上おいて水気をきる。
2　①をジューサーにかけてペースト状にする。
3　塩、米酢で味をととのえる。
4　凍みコンニャクは10分ほどゆでてもどす。ザルに上げ、水気をきる。
5　鍋に酒、濃口醬油、水を入れてひと煮立ちさせる。
6　④の凍みコンニャクを食べやすい大きさに切り、⑤に入れて煮る。そのまま冷ます。
7　⑥の凍みコンニャクの水気をきり、器に盛る。③の白酢をかける。

菊月 梨と菊花の白和え

21
八雲茶寮

すりおろしたナシと菊花のお浸しを敷き詰めた器に
ナシ果汁入りの白和え衣を詰め、月弓に見立てたナシの薄切りをあしらった。
甘やかなナシと菊の香りをともに楽しみ、秋を感じてもらう仕立てで、
コースの中の「口直し」という位置づけのため薄味に仕立てている。

材料〈4人分〉

白和えの衣
　豆腐(絹ごし) …… 2丁
　塩 …… 2g
　ナシ果汁 …… 適量
　砂糖 …… 少量
　ミリン …… 少量
　淡口醤油 …… 香りづけ程度
ナシ …… 1個
菊花(生) …… 1輪
だし* …… 適量

*だし／軽めに引いた昆布だしと
淡口醤油を20：1の割合で合わ
せたもの

作り方

1　白和えの衣を作る。豆腐をキッチンペーパーに包み軽く重
　しをかけ、冷蔵庫に半日ほどおく。
2　①をフード・プロセッサーで撹拌しながら、塩とナシ果汁
　(後述)を加える。味をみて必要なら砂糖、ミリン、淡口醤
　油で調味する。
3　ナシの皮をサンドペーパーで磨いて薄くし、サッと霜降り
　する。
4　③の一部を薄くスライスし、仕上げ用に取りおく。
5　ナシの残りの部分は鬼おろしにする。ナシの果汁は白和え
　の衣の調味料にする。
6　生の菊花をほぐし、サッと霜降りし、軽く水にさらす。だ
　しに浸して下味をつける。
7　⑥の菊花と⑤のナシの鬼おろしを合わせる。
8　器の底に⑦を平たく盛り、上に②の衣をのせて平らにならす。
9　④で取りおいたナシのスライスを器の形に合わせてバラン
　スよく盛る。ナシのスライスで和え衣と菊花を巻いて食べ
　るようすすめる。

トウモロコシ、アスパラガス、海老の湯葉和え

22
悠々

豆腐の代わりに生湯葉をつぶして衣にした、下田氏オリジナルの白和え。
この「湯葉衣」は豆腐よりも味が濃厚なうえ、仕込んだ後に
水分が出にくく、持ちがいいのがオペレーション上の利点。
とろみをつけて餡にしたり、ハモなどをとじて丼にしたりと活用の幅も広い。

材料〈2人分〉

和え衣
　湯葉（ゆるめのもの）* …… 15g
　塩 …… 2g
　淡口醤油 …… 少量
紫トウモロコシ …… 適量
グリーンアスパラガス …… 適量
八方だし …… 適量
クルマエビ …… 適量
酒、塩 …… 各適量
そば茶 …… 適量

*湯葉（ゆるめのもの）／湯葉豆腐、つまみ湯葉などの名称で販売されている製品を使用。湯葉に豆乳を加えてゆるめてもよい

作り方

1 和え衣を作る。すり鉢で湯葉をすりつぶし、塩と淡口醤油を少量加える。
2 紫トウモロコシを蒸す。
3 グリーンアスパラガスの皮をむき、蒸す。八方だしに浸しておく。
4 クルマエビの頭を取り、殻ごと霜降りし、掃除する。塩を加えた酒で酒煎りし、半生の状態で鍋ごと氷にあてて急冷する。殻をむく。
5 ②、③、④を食べやすい大きさに切り、①の衣で和える。器に盛り、煎ったそば茶をふる。

巨峰、さくらんぼ、マンゴーの白和え

23
赤坂
おぎ乃

「フルーツの香りと大吟醸香に共通する点が感じられる」(荻野氏)という発想から
白和え衣に少量の日本酒(大吟醸)を加え、香り高く仕立てた。
荻野氏は具材や仕立てに応じて白和え衣にアレンジを加えており、
八寸など一口サイズの場合はクリームチーズを混ぜた衣を使うこともある。

材料
白和えの衣
　豆腐(絹ごし) …… 230g (水気をきった状態)
　ゴマペースト …… 小さじ1
　濃口醤油 …… 小さじ1
　日本酒(純米大吟醸) …… 少量
サクランボ …… 適量
ブドウ(巨峰) …… 適量
マンゴー …… 適量
青ユズ …… 適量

作り方
1 白和えの衣を作る。豆腐をキッチンペーパーで包み、冷蔵庫に一晩おく。裏漉しし、ゴマペーストと濃口醤油を少量ずつ加えて味をととのえる。提供直前に1人分30gを取り、日本酒を加え混ぜる。
2 器にサクランボ、皮をむいたブドウ、皮をむき一口大に切ったマンゴーを盛り、①の衣をかける。
3 青ユズの皮のすりおろしを天盛りする。

揚げアボカドとトマトの白酢和え

24
赤坂 おぎ乃

和え衣の白酢は、「すり鉢にすると豆腐のもっそりした感触が残る」ことから
ミキサーにかけてシルキーな食感に仕立てたものを使用。
このなめらかさと酸味のおかげで、揚げたアボカドが軽やかに食べられる。
「エンドウ豆などとも相性がよい、夏野菜に合う衣です」(荻野氏)。

材料

白和えの衣
- 豆腐(絹ごし) …… 230g (水気をきった状態)
- ゴマペースト …… 小さじ1
- 濃口醤油 …… 小さじ1

純米酢 …… 30g
アボカド …… 適量
フルーツトマト …… 適量
カシューナッツ …… 適量
青ユズ …… 適量

作り方

1 白和えの衣を作る。豆腐をキッチンペーパーで包み、冷蔵庫に一晩おく。裏漉しし、調味料を少量ずつ加えて味をととのえる。
2 ①を1人分30g取り、純米酢を加えて白酢とする。
3 アボカドは適宜に切って素揚げする。
4 フルーツトマトは湯むきし、適宜の大きさに切る。
5 カシューナッツは素揚げする。
6 ③と④を器に盛り、②の白酢をかける。⑤のカシューナッツをのせ、青ユズの皮のすりおろしをふる。

海老と枝豆とひじきの和風白和え

25

旬の菜と
旨い酒
おおはま

「おおはま」では白和えは3種の衣を用意し、常時1品をメニューに載せる。
この品で用いたのは、その中でもっともオーソドックスな「和風」の衣。
もったりなめらかな食感に仕立てるために豆腐はゆでて水気を出し、
衣の味つけはやや薄くして、ヒジキの塩気でバランスをとる。

材料

和風白和え衣
　豆腐(木綿) …… 1丁
　白ゴマペースト
　　　…… 大さじ2
　砂糖 …… 大さじ1
　淡口醤油 …… 小さじ2
エビ …… 適量
ヒジキ …… 適量
ニンジン …… 適量
砂糖 …… 適量
醤油 …… 適量
だし …… 適量
油揚げ …… 適量
シイタケ …… 適量
酒 …… 適量
塩 …… 適量

作り方

1. 和風白和え衣を作る。豆腐をゆで、重しをして水気をよく切る。白ゴマペースト、砂糖、淡口醤油を加え、フード・プロセッサーでなめらかになるまで撹拌する。
2. エビを沸騰直前の湯に入れ、弱火で2分ほどゆでる。
3. エダマメは3分ほど塩ゆでする。
4. もどしたヒジキと薄切りにしたニンジンを、砂糖と醤油を加えただしで炊く。
5. 油揚げは軽く焼き、細切りにする。
6. シイタケは酒と塩をふって焼き、細切りにする。
7. ②〜⑥を①の衣で和える。

ピータンとトマトと生木耳と高菜の中華白和え

26
旬の菜と
旨い酒
おおはま

オイスターソースで味つけした中華風の白和え衣で仕立てた、
「ピータン豆腐」インスパイアの一品。
甘さのきいた衣に、ゴマ油で炒めたキクラゲなどの具材がよくマッチする。
衣のテクスチャーをより粗く残して「崩し豆腐和え」にしてもおいしい。

材料

中華風白和え衣
　豆腐(木綿) …… 1丁
　すり白ゴマ …… 大さじ2
　オイスターソース
　　…… 大さじ1
　ゴマ油 …… 大さじ1
　塩 …… ふたつまみ
ピータン …… 1個
トマト …… 1/4個
生キクラゲ …… 適量
ゴマ油 …… 適量
濃口醤油 …… 適量
高菜漬け …… 適量
白ネギ …… 適量

作り方

1　中華風白和え衣を作る。豆腐をゆで、重しをして水気をよく切る。その他の材料をすべて加え、フード・プロセッサーでなめらかになるまで撹拌する。
2　ピータンは食べやすい大きさに切る。
3　トマトは湯むきし、食べやすい大きさに切る。
4　生キクラゲはゴマ油で炒め、濃口醤油で下味をつける。
5　①の衣に④、きざんだ高菜漬け、白ネギを加え混ぜる。②と③を加え、つぶさないように和える。

桃とブドウとナッツの洋風白和え

27

旬の菜と
旨い酒
おおはま

「和と中があるなら洋の白和えも」と考案したマスカルポーネ入りの衣は、モモ、ブドウの他に柿など季節の果物と合わせることが多い。フード・プロセッサーで撹拌した豆腐のなめらかなテクスチャーと絶妙な塩加減の相乗効果で、「衣だけでもつまみになります」と大濱氏。

材料

洋風白和え衣
- 豆腐（木綿）……1丁
- マスカルポーネチーズ……250g
- 白ゴマペースト……大さじ2
- 砂糖……大さじ2弱
- 塩……ふたつまみ

モモ……適量
ブドウ（巨峰とシャインマスカット）……適量
ナッツ（クルミ、カシューナッツ）……適量

作り方

1. 洋風白和え衣を作る。豆腐をゆで、重しをして水気をよく切る。その他の材料をすべて加え、フード・プロセッサーでなめらかになるまで撹拌する。
2. 食べやすい大きさに切ったモモとブドウ、適宜に砕いたナッツを①の衣で和える。

40

3

chapter

魚介の和えもの

アオリイカのからすみ和え

28
赤坂 おぎ乃

自家製のカラスミは、漬け汁に酒や焼酎を煮切らずに加えて酒肴らしい芳醇な味わいとし、料理に活用しやすいように半生に仕立てる。本品のイカのようにねっとりした魚介をカラスミ和えにすることが多いが、「イカのエンペラなどのぱきっとした食感とも好相性」と荻野氏。

材料

カラスミ
- ボラの卵巣 …… 適量
- 塩 …… 適量

漬け地（数字は割合）
- 焼酎 …… 6
- 酒 …… 2
- ミリン …… 1
- 淡口醤油 …… 1

アオリイカ …… 適量
花穂シソ …… 適量
ワサビ …… 適量

作り方

1 カラスミを作る。ボラの卵巣を掃除し、氷水に浸けて血抜きする。べた塩をして24時間おき、塩をさっと洗う。
2 ①の水気をふき取り、風のあたる場所に1日おく。
3 漬け地の材料を合わせ、②を1週間漬け込む。
4 ③の水気をふきとり、風の当たる場所に一晩おいて半干しにする。
5 アオリイカをさばき、表面に包丁目を入れる。食べやすい大きさに切る。
6 ④のカラスミをほぐして直径1.5cmほどのボール状に丸める。
7 器に⑤を盛り、⑥を添える。花穂シソとワサビのすりおろしを添える。

イカ明太和え

29
京料理
直心房
さいき

イカは塩をふって一晩ねかせ、ねっとりした食感を出す。
ダイコンおろしは、輪切りではなく縦に切っておろすのが最大のポイント。
「頭の甘い部分も尻尾の辛い部分もまんべんなく混ぜて使うことで、
初めてダイコン全体を味わえるおろしになります」(才木氏)。

材料

- イカ …… 1杯
- 塩 …… 適量
- 和え衣(数字は割合)
  - 辛子明太子 …… 1
  - ダイコンおろし …… 1
- 菊花(乾燥) …… 適量

作り方

1 イカ(今回はモンゴウイカを使用)をさばき、細切りにする。ごく軽く塩をふって一晩おく。
2 和え衣を作る。辛子明太子の中身をこそぎ、軽く水気をきったダイコンおろしと合わせる(ダイコンは丸ごと1本おろすか、縦に切ったものをおろす)。
3 ①のイカを②の衣で和え、器に盛る。酢水(分量外)でゆでて水気を絞った菊花をのせる。

やりいかと金糸瓜とおかひじきの明太子和え

30
旬の菜と
旨い酒
おおはま

「イカ明太」の鉄板の組合せに、店のある鎌倉周辺で穫れる野菜を合わせた。
さっとボイルした小型のヤリイカの柔らかな食感とほのかな甘みに、
キンシウリとオカヒジキのシャキシャキした食感が好相性。
明太子が余ったら、瞬間燻製にしておつまみに。

材料

ヤリイカ …… 2杯
キンシウリ …… 1個
淡口醤油 …… 適量
オカヒジキ …… 適量
辛子明太子 …… 適量

作り方

1 ヤリイカを掃除し、胴とゲソに分ける。ともによく洗い、沸騰直前の湯に入れて弱火で2分ほどゆでる。胴は筒状に切り、ゲソは食べやすい大きさに切る。ともに水気をきる。
2 キンシウリを筒状に切り、種を取り除く。実が糸状にほどけるまで30分ほどゆでる。冷水にとり、実をほぐす。水気をきり、淡口醤油をまぶす。
3 オカヒジキをさっとゆでる。
4 ①、②、③を合わせ、ほぐした辛子明太子で和える。味を見て、薄ければ淡口醤油を加える。

タコとジャガイモとモロッコいんげんの大葉ジェノベーゼ和え

31
旬の菜と
旨い酒
おおはま

店を休業中に学んだイタリア料理に想を得た和風ジェノベーゼソースで、イタリアで定番の組合せとしてジャガイモとインゲン、タコを和えた。「鎌倉は庭先でオオバを育てている人も多く、自宅でも作りやすいかと思って」。オオバはバジルに比べて色がとびやすいため、早めに使いきるとよい。

材料

大葉ジェノベーゼ
- クルミ —— 20g
- ニンニク —— 1/3片
- EVオリーブオイル —— 50g
- オオバ —— 20枚
- 粉チーズ —— 大さじ1
- 塩 —— ひとつまみ
- 黒コショウ —— 適量

タコ —— 100g
モロッコインゲン —— 1本
ジャガイモ —— 1個

作り方

1. 大葉ジェノベーゼを作る。クルミをから煎りして冷ます。ニンニクをつぶす。すべての材料を合わせて、ハンドブレンダーでペースト状になるまで撹拌する。
2. タコとモロッコインゲンはそれぞれゆでて、食べやすい大きさに切る。
3. ジャガイモは皮付きのまま蒸す。皮をむき、食べやすい大きさに切る。
4. ②と③を①の大葉ジェノベーゼで和える。

海老と青菜の松の実和え

32
悠々

松の実を香ばしく煎り、油が出るまですった松の実衣が味のベース。
ゴマ和え衣よりも力強さがあるので、合わせる素材はシンプルに、
青菜にエビやカニで少し旨味をプラスするくらいがよい。
「衣に味噌を足して、カニのほぐし身を和えるのもおいしいです」(下田氏)。

材料

和え衣
- 松の実 …… 100g
- 塩 …… 少量
- 淡口醤油 …… 少量

水菜のお浸し
- ミズナ …… 1束
- カツオ昆布だし …… 300nL
- 塩 …… 4g
- 淡口醤油 …… 15mL

海老のつや煮
- クルマエビ …… 10本
- 酒 …… 200mL
- 淡口醤油 …… 10mL
- 濃口醤油 …… 5mL
- ミリン …… 15mL

松の実 …… 適量

作り方

1. 和え衣を作る。松の実を煎り、すり鉢で油が出るまでよくする。塩と淡口醤油で味をととのえる。
2. 水菜のお浸しを作る。ミズナをさっとゆでて、カツオ昆布だしに塩と淡口醤油を加えた地に浸ける。
3. 海老のつや煮を作る。クルマエビを殻付きのまま掃除して背ワタを取り、霜降りして氷水に落とす。その他の材料を合わせて火にかけ、沸かす。クルマエビを入れ、火が入ったらザル揚げする。煮汁が冷めたら殻付きのまま煮汁に戻し、浸けておく。提供前に殻をむく。
4. 松の実を煎り、包丁できざむ。
5. ②と③を適宜の大きさに切って①の衣で和え、器に盛る。④をふる。

海老とアボカドと長芋のなめたけ和え

33
旬の菜と
旨い酒
おおはま

アボカドになめたけと針海苔をのせる「おおはま」の通常メニューに
エビとナガイモも加えて「豪華版」に仕立てた。
「最初は豆腐にのせていましたが、お客さんの提案でアボカドに。
いい状態のアボカドを常に用意しておくのが、いちばんのポイントです」（大濱氏）。

材料

なめたけ
| エノキ …… 1袋
| 濃口醤油 …… 30g
| ミリン …… 30g
| 酒 …… 30g
エビ …… 適量
ナガイモ …… 適量
アボカド …… 適量
針海苔 …… 適量

作り方

1 なめたけを作る。エノキを三等分し、濃口醤油、ミリン、酒とともに中火にかける。汁気がなくなるまで混ぜながら煮る。
2 エビの頭と殻をむき、背わたを取る。沸騰直前の湯に入れ、弱火で2分ほどゆでる。
3 ナガイモの皮をむき、角切りにする。さっとゆでる。
4 ②、③、角切りにしたアボカドを①のなめたけで和え、器に盛る。針海苔をのせる。

赤貝のぬた

34
赤坂
おぎ乃

白漉し味噌で仕立てる酢味噌は、酢の酸味はおだやかに抑え、
そのぶん辛子をしっかりきかせるのが荻野氏流。
「辛子の成分は揮発しやすいので、やや強めに感じるくらいにしておくと
食材と合わさった時にほどよい味になると思います」(荻野氏)

材料

白玉味噌
　白漉し味噌* …… 1kg
　酒 …… 250g
　全卵 …… 6個
　卵黄 …… 2個分
　上白糖 …… 200g
酢 …… 5g
溶き辛子 …… 2g

アカガイ …… 1個
ワケギ …… 適量
黄ユズ …… 適量

＊白漉し味噌／白味
噌を漉してなめらかな
食感に仕立てた刺身

作り方

1 白玉味噌を作る。材料をすべて混ぜてから火にかける。卵に火を入れながら酒を煮切っていき、元の味噌と同じ触感になるまで加熱する(加熱時間の目安は15分ほど)。
2 ①に酢と溶き辛子を加え、酢味噌とする。
3 アカガイを掃除して刺し身にする。
4 ワケギをゆがき、適宜の大きさに切る。
5 器に③と④を盛り、②の酢味噌をかける。あられに切った黄ユズの皮を散らす。

浅利臭和え

35
江戸前
芝浜

ネギ、ニラ、ニンニクなど臭みのある素材を味噌に混ぜて衣とすることから
その名がついたと言われる、江戸の家庭料理「くさ和え」。
和える具材はハマグリやタケノコなどが知られるが、
ここではアサリのゆで汁でのばしたネギ味噌でアサリを和える仕立てに。

材料〈2人分〉

ネギ味噌
　ネギ（千住ネギまたは長ネギ）
　…… 15g
　味噌 …… 3g
アサリ …… 10粒ほど

作り方

1 ネギ味噌を作る。ネギをみじん切りにしてさっとゆで、水気をきる。味噌で和える。
2 アサリを砂抜きし、ゆでる。殻が開いたら火を止め、身を取り出す。ゆで汁は濃度がつくまで煮詰めて冷ましておく。
3 ②のアサリを①のネギ味噌で和える。煮詰めた煮汁を加えてのばし、器に盛る。

鮑の肝和え

36

赤坂
おぎ乃

蒸しアワビの肝和えを、アワビのすり流しとともに味わう贅沢な一品。
磯の香りがあふれるすり流しは、生のアワビをおろしてだしでのばしたもの。
肝のソースはアワビの香りが移った蒸し汁が味の決め手で、
最低5個のアワビを一度に蒸して、十分な量の汁をとる。

材料

蒸し鮑
　アワビ……5個
　酒……適量
肝のソース
　アワビの肝……5個分
　アワビの蒸し汁……適量
　卵黄……3個分
　濃口醤油……少量
アワビのすり流し
　アワビ(生)……1個
　吸い地……少量
　淡口醤油……少量
芽ネギ……適量
青ユズ……適量

作り方

1　蒸し鮑を作る。アワビを掃除し、身と肝に分ける。身は殻付きのまま酒をふって5時間蒸す。蒸し汁は取りおく。

2　肝のソースを作る。アワビの肝を裏漉しし、①の蒸し汁と卵黄を加え、湯煎にかけて加熱する。絶えず混ぜ、卵黄に火が入りもったりしてきたら、再び裏漉しして濃口醤油で味をととのえる。

3　アワビのすり流しを作る。生のアワビをおろし金ですりおろし、吸い地でのばす。必要なら淡口醤油で味をととのえる。

4　蒸し鮑を食べやすい大きさに切り、②の肝のソースで和える。

5　器に③のすり流しを流し、④を盛る。芽葱をのせ、青ユズの皮のすりおろしを散らす。

岩牡蠣と賀茂茄子 柚子味噌和え

37
京料理
直心房
さいき

田楽味噌を一番だしでのばし、ユズ皮をふった柚子味噌が和え衣。
味噌300gに対し、ユズ1〜2個分の皮を使って香り高く仕上げる。
岩牡蠣は昆布だしで穏やかに加熱し、賀茂ナスは揚げ浸しに。
「牡蠣とナスをおいしく食べることを第一に考えた仕立てです」(才木氏)。

材料

柚子味噌
　田楽味噌(白)* 300g
　一番だし ...... 適量
　青ユズ ...... 1〜2個
岩牡蠣 1個
塩 ...... 少量
昆布だし ...... 適量
賀茂ナス 1個
吸い地 ...... 適量
九条ネギ ...... 適量

＊田楽味噌(白)／白味噌1kg、卵黄30個分、ミリン900mL、砂糖100gを合わせて炊き、カツオ節130gを加えたもの。熱いうちに裏漉しして冷まし、冷凍保存する

作り方

1　柚子味噌を作る。田楽味噌を一番だしで好みの濃度にのばし、青ユズの皮をたっぷりすりおろす。
2　岩牡蠣は身を塩水(分量外)で洗い、塩を加えた昆布だしに浸けて57℃で90分間加熱する。
3　賀茂ナスは食べやすい大きさに切り、少量の太白ゴマ油を熱したフライパンで焼き、吸い地に浸ける。
4　②の岩牡蠣と③の賀茂ナスの揚げ浸しの水気をきり、①の柚子味噌で和えて器に盛る。天にかもじネギ(白髪ネギ)をのせる。

サザエと新ゴボウの梅肉和え

38
江戸前
芝浜

サザエは江戸時代から壺焼や刺身として親しまれてきた素材。コリコリしたサザエの刺し身にシャキシャキの新ゴボウ、白ネギやショウガのせん切りなど食感の楽しい素材を合わせ、包丁で叩いた梅肉でシンプルに和えた。

材料〈2人分〉

- サザエ 大1個
- 新ゴボウ 1本
- 白ネギ ...... 適量
- ショウガ ...... 適量
- 梅肉 ...... 適量
- ミツバ ...... 適量

作り方

1. サザエを掃除し、身を一口大に切る。
2. 新ゴボウの皮を掃除し、長さ5cmのせん切りにして、10分間水にさらす。
3. 白ネギとショウガも長さ5cmのせん切りにして、さっと水にさらす。
4. 梅肉を包丁で叩き、ペースト状にする。
5. ①と水気をきった②、③を合わせ、④の梅肉で和える。器に盛り、適宜に切ったミツバを散らす。

つぶ貝のぬた、ワケギ

39
京料理
直心房
さいき

ツブ貝とワケギをオーソドックスなぬた和えに仕立てた。
ぬたは京都ではひな祭りの時季に食べられることが多く、
アカガイやハマグリなど春先に味がのる貝類と酢味噌が好相性。
酢は、穀物酢よりも酸味がまろやかな米酢を使うとまとまりがよくなる。

材料〈2人分〉

辛子酢味噌
　田楽味噌(白)(→52ページ)
　　……15g
　米酢……適量
　溶き辛子……適量
ツブ貝……1個
ワケギ……適量
塩……適量
赤ジソの芽……適量

作り方

1　辛子酢味噌を作る。田楽味噌を米酢でのばし、溶き辛子を加え混ぜる。
2　ツブ貝を掃除し、食べやすい大きさに切る。
3　ワケギをゆでて塩をふり、冷ます。手でしごいて水気を切りつつ、余分なぬめりを取る(ネギのおいしさが含まれるため、ぬめりは取りすぎない)。
4　②と③を①の酢味噌で和え、器に盛る。赤ジソの芽を添える。

小帆立とゴーヤの柚子胡椒サルサソース和え

40

旬の菜と
旨い酒
おおはま

トマト、タマネギ、トウガラシなどをきざんで作ったメキシコ風の
サルサ・クルーダに柚子胡椒で和風のニュアンスを加え、
ゆでたホタテとゴーヤを合わせた彩り豊かな一品。
「サルサが主役の料理」(大濱氏)で、生のホタテやイカ、タコなどもよく合う。

材料

柚子胡椒サルサソース
- トマト …… 大1個
- キュウリ …… 1/3本
- 紫タマネギ …… 1/4個
- 万願寺トウガラシ …… 小2本
- レモン果汁 …… 1個分
- 柚子胡椒 …… 小さじ1
- 塩 …… 適量
- コショウ …… 適量

小ホタテ …… 適量
ゴーヤ …… 適量

作り方

1 柚子胡椒サルサソースを作る。湯むきしたトマトを横半分に切って種を取り除き、7mm角に切る。ざるにあけ、よく水分をきる。
2 キュウリを縦に切って種を取り除き、7mm角に切る。
3 紫タマネギを5mm角に切り、水にさらし、絞る。
4 万願寺トウガラシをみじん切りにする。
5 ①〜④を合わせ、レモン果汁を絞り、柚子胡椒、塩、コショウで味をととのえる。
6 小ホタテをゆで、身を取り出す。
7 ゴーヤをスライスしてさっとゆでる。
8 ⑥と⑦を⑤の柚子胡椒サルサソースで和える。

北寄貝、南京麩、モロッコインゲンの一味酢味噌和え

41
悠々

さっとゆでたホッキ貝などの具材を酢味噌和えに。
酢味噌に辛みをつけたい時は辛子を加えるのが定番だが、
和辛子は辛みがとびやすいため、下田氏はより辛みや香りが長持ちする
一味トウガラシや柚子胡椒を使うことが多いという。

材料

一味酢味噌
　白味噌 …… 100g
　卵黄 …… 1個分
　煮切りミリン …… 20g
　米酢 …… 10g
　一味トウガラシ …… 適量
ホッキ貝 …… 1個
南京麩 …… 適量
八方だし …… 適量
モロッコインゲン …… 適量

作り方

1　一味酢味噌を作る。白味噌、卵黄、煮切りミリンを合わせて火にかけ、もったりするまで混ぜながら加熱する。
2　①を裏漉しし、米酢と一味唐辛子を加えて味をととのえる。
3　ホッキ貝をさばき、熱湯でさっと洗って色出しする。
4　南京麩は素揚げし、熱湯をかけて油を落としてから八方だしで炊く。
5　モロッコインゲンはゆでてから八方だしに浸けておく。
6　食べやすい大きさに切った③、④、⑤を②の一味酢味噌で和える。

鯵と薬味、太白醤油和え

42
悠々

太白醤油とは、ゼラチンでゆるく固めた割り醤油に
太白ゴマ油を加えて撹拌し、乳化させた下田氏オリジナルの調味料。
魚の身にからみやすく、適度な油分も補えるため、
初ガツオや身の締まった走りのアジなど、脂の少ない魚によく合う。

材料

アジ …… 1尾
塩 …… 適量
太白醤油
　土佐醤油* …… 250mL
　カツオ昆布だし …… 750mL
　板ゼラチン …… 17g
　太白ゴマ油 …… 200mL
薬味(ミョウガ、ショウガ、オオバ)
　…… 適量

*土佐醤油/カツオ昆布だしに日本酒、ミリン、濃口醤油、淡口醤油を加えて沸かし、カツオ節を加えて火を止める。これを冷蔵庫に半日おいて漉したもの

作り方

1. アジを三枚におろし、皮を引いて塩をふる。キッチンペーパーで包み、冷蔵庫に一晩おく。
2. 太白醤油を作る。土佐醤油とカツオ昆布だしを合わせて温め、板ゼラチンを煮溶かす。粗熱をとり、冷蔵庫で冷やし固める。
3. ②を軽くつぶし、太白ゴマ油を少量ずつ加えながら泡立て器で混ぜて好みの濃度に調整する。
4. ①のアジを細切りにし、③の太白醤油で和える。薬味を細切りにし、加え混ぜる。器に盛る。

鯵と胡瓜と若芽の青唐醤油和え

43

旬の菜と
旨い酒
おおはま

青唐醤油は「おおはま」の定番で、アジやカンパチなど青魚との相性が抜群。青トウガラシの辛みは「醤油にそこまで移らない」（大濱氏）ため、辛い味が好きなお客には醤油に漬け込んだきざみ青トウガラシをたっぷりと加え、初めてのお客には少なめで様子を見るなど、量を調整して使用する。

材料

青唐醤油
| ミリン …… 90mL
| 酒 …… 90mL
| 濃口醤油 …… 180mL
| 青トウガラシ …… 10本
アジ …… 1尾
キュウリ …… 1/3本
ワカメ …… 適量
トマト …… 適量

薬味
（ショウガ、オオバ、ショウガ、長ネギ、スプラウト）…… 適量
白ゴマ …… 適量

作り方

1 青唐醤油を作る。ミリンと酒を合わせて煮切り、濃口醤油を加える。小口切りにした青トウガラシを加え、冷ます。冷蔵庫で数日ねかせてから使用する。
2 アジを3枚におろし、骨を除き皮をむき、細切りにする。
3 キュウリを縦半分に切り、種を除き、細切りにする。
4 ワカメとトマトを一口大に切る。
5 スプラウト以外の薬味をそれぞれ細かくきざみ、スプラウトと合わせ混ぜる。
6 ②〜⑤を①で和えて器に盛る。白ゴマを散らす。

穴子とかつら瓜、土佐酢和え

44
京料理
直心房
さいき

「和え衣は主素材をおいしく食べるためのつなぎ役」と考える才木氏は、
主素材を生かすための下処理と味つけを徹底する。
アナゴを和えた土佐酢は二番だしをベースに、追いガツオせずに仕立てたもの。
お浸しの地も昆布だしと塩のみで、素材の風味を最大限引き出す。

材料

土佐酢（数字は割合）
- 二番だし……5
- 米酢……2
- ミリン……1
- 淡口醬油……1

アナゴ……1尾
濃口醬油……適量
ウリ……適量
塩……適量
昆布だし……適量
ミョウガ……適量

作り方

1. 土佐酢を作る。材料をすべて合わせて沸かし、冷ます。目指す仕上がりに応じて、差し昆布や追いガツオ（ともに分量外）をしてもよい。
2. アナゴは開き、白焼きにした後、身に濃口醬油をぬって焼く。
3. ウリは種を取ってスライスし、塩を加えた昆布だしに浸ける。
4. 適宜に切った②と③を①の土佐酢で和え、器に盛る。ミョウガの輪切りをのせる。

甘鯛のおろし和え くちこ

45
赤坂 おぎ乃

塩をしてねかせ、ねっとりとした食感を引き出したアマダイを
ダイコンおろしの酸味とクチコの熟成感のある塩気で食べる一品。
「クチコ無しのスタンダードなおろし和えだと、さっぱりしたきれいな味に。
当店は八寸に組み込むことが多いので酒の進む味にしています」(荻野氏)。

材料

シロアマダイ ‥‥‥ 1尾
塩 ‥‥‥ 適量
ミツバの軸 ‥‥‥ 適量
おろし和えの衣
　ダイコンおろし ‥‥‥ 100g
　淡口醤油 ‥‥‥ 9g
　濃口醤油 ‥‥‥ 5g
　スダチ果汁 ‥‥‥ 1.5個分
　ワサビ ‥‥‥ 少量
クチコ(干上がりもの) ‥‥‥ 適量

作り方

1 白アマダイを三枚におろし、塩をして冷蔵庫で1日ねかせる。皮を引く。皮目に熱した鉄の棒をじゅっと押しつけて香ばしい香り出す。食べやすい大きさに切る。
2 ミツバの軸をゆでて適宜の長さに切る。
3 おろし和えの衣の材料をすべて合わせる。
4 ①、②、③をバランスよく重ねて器に盛る。炭火であぶってほぐしたクチコをのせる。

鮎の背越 緑酢和え

46
赤坂 おぎ乃

アユの背越しをタデの葉入りの緑酢で和え、アユの内臓の塩漬けを添えた。
緑酢のキュウリの青い香り、タデの葉のピリッとくる酸味、
内臓の塩漬けの塩気と苦みが相まって、複雑味のある味わいに。
緑酢はアユの唐揚げ、スズキの塩焼きなど夏の魚料理に幅広く活用できる。

材料

緑酢
- キュウリ(すりおろし) …… 1本分
- キュウリ(小口切り) …… 25g
- 塩 …… 少量
- 砂糖 …… 1g
- 酢 …… 15g
- タデの葉(すりおろし) …… 適量

アユ …… 1尾
タデの葉 …… 適量
アユの内臓の塩漬け* …… 適量
青ユズ …… 適量

*アユの内臓の塩漬け／アユの内臓に塩をして1日おいたもの。提供前に酒を霧吹きでかけて味をととのえる

作り方

1. 緑酢を作る。キュウリのすりおろしの水気を絞る。キュウリの小口切りには軽く塩をして数分おき、水気を絞る。
2. ①のキュウリと砂糖、酢を合わせて味をととのえ、タデの葉のすりおろしを加える。
3. アユの内臓を抜き、ヒレを切り取る。洗って水気をふき取り、厚さ2mmほどの輪切りにする。
4. ③を②の緑酢で和える。氷を敷き詰めてタデの葉を散らした器に盛り、アユの内臓の塩漬けをのせ、青ユズの皮のすりおろしをふる。

イワシの梅おろし和え

47
赤坂
おぎ乃

水分を残すように軽く水気をきったダイコンおろしに
叩いた梅肉をざっくり混ぜ合わせたシンプルなおろし和え。
梅干しの酸味と塩気で、脂ののった魚をさっぱりと味わうことができ、
サンマのフライなど青背の魚の揚げもの全般と相性がよい。

材料〈2人分〉

イワシ ⋯⋯ 2尾
塩 ⋯⋯ 適量
酢 ⋯⋯ 適量
梅おろし（数字は割合）
　梅肉 ⋯⋯ 0.8
　ダイコンおろし ⋯⋯ 1
穂ジソ ⋯⋯ 適量

作り方

1　イワシをおろす。塩をふって15分ほどおき、酢で洗う。
2　①の皮を引き、皮目に包丁目を入れる。
3　梅おろしを作る。梅肉を包丁で叩き、軽く水気をしぼったダイコンおろしとざっくり合わせる（混ざりすぎないようにする）。
4　②を③で和え、器に盛る。穂ジソを散らす。

鰻と焼き茄子、梅おろし和え

48
京料理
直心房
さいき

かつては食い合わせが悪いと言われたウナギと梅干しを一皿に。
「実際は脂ののったウナギとさっぱりした梅干しは抜群の相性です。
ウナギを食べすぎて庶民の懐に悪いというのが真相だったようです」と才木氏。
梅おろしは、ダイコンおろしと梅肉を合わせて叩くと混ざりがよくなる。

材料

- ウナギ……1尾
- 酒……適量
- 濃口醤油……適量
- ナス……1本
- 八方地……適量
- 梅おろし（数字は割合）
  - ダイコン……1
  - 梅干……1
- 梅肉……適量

作り方

1 ウナギをさばいて白焼きにし、約40分蒸す。
2 ①を冷蔵庫で一晩ねかせてから、酒と濃口醤油をぬって表面を焼く。
3 ナスを皮ごと焼き焦がし、皮をむいて八方地に浸ける。
4 梅おろしを作る。細かい目のおろし金でダイコンをおろし、水気を軽く絞る（ダイコンは丸ごと1本おろすか、縦に切ったものをおろす）。種を抜いた梅干と合わせて包丁で叩く。
5 ②のウナギと③のナスを食べやすい大きさに切り、④の衣で和える。ちぎった梅肉をのせる。

カジキマグロと万願寺唐辛子とかぼちゃの青唐味噌たまごそぼろ和え

49
旬の菜と
旨い酒
おおはま

和え衣の青唐味噌たまごそぼろは、「辛味噌味のスクランブルエッグ」(大濱氏)。
同氏の実家の夏の定番つまみをメニュー化したもので、
「相当辛いので賛否両論ありますが、これで日本酒を飲んだら最高です」。
ここでは淡白なカジキマグロに合わせ、カボチャで甘みを補った。

材料〈2人分〉

青唐味噌玉子そぼろ
　青トウガラシ …… 2本
　麦味噌 …… 大さじ4
　溶き卵 …… 3個分
カジキマグロ(切り身) …… 適量
塩、コショウ …… 各適量
万願寺トウガラシ …… 適量
カボチャ …… 適量

作り方

1 青唐味噌玉子そぼろを作る。青トウガラシを小口切りにし、油(分量外)で炒める。麦味噌を入れ、さらに炒める。香りが出たら溶き卵を加え、そぼろ状に火を通す。
2 カジキマグロに塩とコショウをふり、薄く油を引いたフライパンでソテーする。
3 万願寺トウガラシは表面にうっすら焦げ目がつくまで焼く。
4 カボチャは柔らかくなるまで蒸す。
5 ②、③、④を食べやすい大きさに切り、①で和える。

きらすまめし

50
八雲茶寮

「きらすまめし」は大分県で「きらず」と呼ばれるおからを、
刺し身の中落ちなどにまぶす(まめす)ことから名付けられた郷土料理。
ここではアラのだしで炊いたおからを、カジキマグロの漬けと合わせた。
「動物性と植物性のタンパク質を同時にとれ、何より味がいいです」と梅原氏。

材料〈2人分〉

- おから …… 適量
- アラだし[*1] …… 適量
- カジキマグロ …… 150g
- カジキマグロの浸け汁
  (数字は割合)
  - 煮切り酒 …… 4
  - 濃口醤油 …… 1
  - ミリン …… 1
  - おろしショウガ …… 適量
- 干しニンジン[*2] …… 適量
- カボス果汁 …… 適量
- だし醤油 …… 適量
- セリの軸のお浸し …… 適量

*1 アラだし/アラ科の魚、アラと昆布でとっただしに、少量の淡口醤油とミリンでうす甘くあたりをつけたもの。カツオ昆布だしで代用してもよい

*2 干しニンジン/ニンジンをスライスして120℃のオーブンで30分加熱したもの

作り方

1. おからをアラだしで水分がなくなるまで炊く。
2. カジキマグロを角切りにし、浸け汁(材料をすべて合わせる)に5分間浸ける。
3. ①をすり鉢に入れ、②のカジキマグロの浸け汁を加えて軽くすり混ぜる。
4. ③に水気をきった②のカジキマグロを加え、おからをまぶしつける。
5. 干しニンジンに、カボス果汁を加えた薄めのだし醤油をまぶしておく。
6. ④、⑤、セリの軸のお浸し(解説省略)をバランスよく器に盛る。

鰹の玉ねぎ醤油和え

51
赤坂
おぎ乃

玉ねぎ醤油は、きざんだタマネギをバットに広げて空気にさらして辛みをとばすのが大きなポイント。荻野氏が京都で研修した際に教わった手法で、「いやな風味が抜け、味と食感のみが残ったタマネギが青背の魚によく合います」。タマネギの乾燥が気になる場合はタッパーに入れて蓋をして1日おくとよい。

材料

玉ねぎ醤油（単位のない数字は割合）
- タマネギ …… 1個
- 濃口醤油 …… 1
- 酢 …… 1
- おろしショウガ …… 適量

カツオ …… 適量

作り方

1 玉ねぎ醤油を作る。タマネギをみじん切りにしてバットに薄く広げ、冷蔵庫に半日おく。
2 濃口醤油と酢を同量ずつ合わせ、おろしショウガを加える。提供直前に①のタマネギを加える。
3 カツオを刺し身にして、②の玉ねぎ醤油で和える。

カツオと辛子椎茸の酒盗和え

52
八雲茶寮

カツオの刺し身に、カツオの内臓の塩辛である酒盗を合わせた。
酒盗は黄身味噌に混ぜて「酒盗黄身衣」とし、まろやかなコクを表現する。
付合せの辛子椎茸とともに味わえば、ツンとくる辛子の風味がアクセントに。
クワイのチップスやケールも添えて、見た目も食感も多様な一皿に仕上げた。

材料

酒盗黄身衣
- 酒 …… 大さじ2
- カツオの酒盗 …… 大さじ1
- 卵黄 …… 3個分
- ミリン …… 大さじ1
- 濃口醤油 …… 1滴

カツオ …… 適量
ケール …… 適量
塩 …… 適量
辛子椎茸* …… 適量
クワイチップス …… 適量

＊辛子椎茸／干しシイタケを甘辛く煮て、和辛子で和える大分県の郷土料理「辛子椎茸」を自家製したもの

作り方

1. 酒盗黄身衣を作る。酒を火にかけ、酒盗を溶かし込む。
2. ボウルに卵黄とミリンを入れて溶く。①を加えて湯煎にかけ、卵黄に火が入り、もったりするまで混ぜる。裏漉しし、濃口醤油をたらす。
3. カツオをさばき、皮をはぐ。皮目を炙り、たたきにする。
4. 熱々に熱したフライパンでケールを焼き付ける。
5. 器に②の酒盗黄身衣を流し、④のケールを盛る。③のカツオのたたきを盛り、塩をふる。
6. 辛子椎茸とクワイチップス(解説省略)を添える。

カマスの緑酢和え

53
京料理
直心房
さいき

出始めの淡白な味わいのカマスを1時間昆布で締めて、緑酢和えに。
緑酢は、キュウリから絞った分の水分をだしと調味料で戻しつつ、
キュウリのさわやかさをだしに浸透させるイメージで仕立てる。
「カマスは白板昆布で締めたり、干物を使ってもよく合います」(才木氏)。

材料〈2人分〉

カマス …… 1尾
塩、昆布 …… 各適量
新レンコン …… 1/3本
塩、酢、昆布だし …… 各適量
緑酢
　キュウリ …… 1本
　一番だし …… 適量
　淡口醤油 …… 少量
　スダチ果汁 …… 適量
ラディッシュ …… 適量

作り方

1 カマスはおろしてひと塩し、骨を取り除く。皮目を焼き、身に昆布を当てて1時間ほど締める。
2 新レンコンは花形に切り、酢水(分量外)でゆでて、塩と少量の酢を加えた昆布だしに浸けておく。
3 緑酢を作る。キュウリをすりおろし、耳たぶくらいの硬さになるように水気を絞る。一番だしと淡口醤油を加え、スダチ果汁で味をととのえる。
4 一口大に切った①のカマスと②の新レンコンをたっぷりの緑酢で和え、器に盛る。ラディッシュのせん切りをのせる。

クロムツ、ハスイモ、ダツの梅肉和え

54
悠々

皮目を炙ったクロムツの刺し身に生のハスイモとダツのお浸しを合わせ、梅肉で和えた。梅肉は少量の土佐醤油と煮切りミリンでのばして酸味と塩味を和らげてあり、使い勝手のよい味わいだ。
「どんな素材にも合いますが、とくにハモやイカと好相性です」と下田氏。

材料

梅肉和えの衣(数字は割合)
- 梅肉* …… 100
- 土佐醤油(→57ページ) …… 2
- 煮切りミリン …… 4

クロムツ …… 適量
ハスイモ …… 適量
ダツ …… 適量
八方だし …… 適量
ブロッコリースプラウト …… 適量

＊梅肉／塩分濃度20％で漬けた梅干しを裏漉しして使用

作り方

1 梅肉和えの衣を作る。梅肉に土佐醤油と煮切りミリンを加えて味と濃度を調整する。
2 クロムツの皮目を炙り、刺し身にする。
3 ハスイモの皮をむき、きざむ。
4 ダツはゆでて水にさらし、アクを抜く。八方だしにつけてお浸しにする。
5 ②、③、④を①の衣で和えて器に盛る。ブロッコリースプラウトをのせる。

鮭の青ぬた

55
江戸前
芝浜

青ぬたとは「青菜やネギをすりつぶし、味噌や酢を加えた衣で魚や野菜を和えた料理」のこと。江戸の風物詩として春の季語にもなっている。海原氏はエダマメのすりつぶしを衣とし、ゆがいた塩サケを和えた。
塩サケはあえてざっくり大ぶりにほぐし、色合いの対比も楽しめる仕立てに。

材料〈2人分〉

青豆ぬた衣
| エダマメ ······ 50g（むいた状態で）
| 味噌 ······ 小さじ2
| 酢 ······ 小さじ1
塩サケ（切身）······ 1枚

作り方

1 青豆ぬた衣を作る。エダマメをゆでて薄皮をむき、すり鉢でする。味噌と酢で味をととのえる。
2 塩サケを湯通しした後、ゆでる。
3 ②の身をほぐし、①の青豆ぬた衣で和える。

サーモンと筋子とオクラの叩きモロヘイヤ長芋和え

56
旬の菜と
旨い酒
おおはま

スモークサーモンとスジコを合わせた、親子和えの仕立て。
衣はモロヘイヤとナガイモを包丁で粗く叩いてねばり気を出したもので、
スジコの塩気を合わせることで味のバランスをととのえる。
「夏のネバネバ野菜を素麺つゆに浸けて、衣にするのもありです」(大濱氏)。

材料

スモークサーモン ……1枚
オクラ ……適量
モロヘイヤ ……適量
ナガイモ ……適量
濃口醤油 ……適量
ワサビ ……適量
スジコ ……適量

作り方

1 スモークサーモンを一口大に切る。
2 オクラはゆでて適宜に切る。
3 モロヘイヤを塩ゆでする。水気をきり、包丁でよく叩く。
4 ナガイモは皮をむき、包丁で粗めに叩く(一部はアラレに切る)。
5 ③と④を合わせ、濃口醤油とワサビのすりおろしを加える。
6 ⑤の衣で①、②、スジコを和える。

鮭と舞茸と里芋と奈良漬の酒粕味噌ソース和え

57
旬の菜と旨い酒 おおはま

「日本の保存食で酒のつまみを作る」という狙いから生まれた一品で、焼きサケを醤油ダレに漬け込む新潟・村上の郷土料理「焼漬け」が発想源。和え衣は、酒どころ・新潟つながりで酒粕を加えた酒粕味噌ソースを使用。まったりとした味わいの衣がマイタケ、サトイモなど秋の野菜とよく調和する。

材料〈2人分〉

生サケ(切り身)……1枚
浸け地*……適量
酒粕味噌ソース
　酒粕(純米吟醸)……50g
　牛乳……50g
　信州味噌……大さじ1強
マイタケ……適量
酒、塩……各適量
サトイモ……適量
ホウレンソウ……適量
奈良漬……適量

*浸け地／酒とミリンを1:1の割合で合わせて煮切り、濃口醤油1を加えたもの

作り方

1 生サケを素焼きし、浸け地に一晩ほど浸ける。
2 酒粕味噌ソースを作る。酒粕と牛乳と信州味噌をよく混ぜ、もったりするまで弱火で練る。
3 マイタケは酒と塩をふって焼く。サトイモは柔らかくなるまで蒸して皮をむく。ホウレンソウはゆでる。
4 食べやすい大きさに切った①と③を②の酒粕味噌ソースで和え、小さく切った奈良漬を加える。

締めサバと聖護院かぶらの林檎和え

58
京料理
直心房
さいき

締めサバをリンゴのすりおろしで和えた、「直心房さいき」で人気の一品。
意外性のある組合せは「鯖寿司」のサバとシャリからイメージしたものだ。
リンゴはおろし金に少量のゴマ油をぬってすりおろし、
加熱時にもゴマ油を加えることで、酸化による変色を最小限に抑えている。

材料

林檎和えの衣
| リンゴ（紅玉）…… 1個
| 太白ゴマ油 …… 適量
| レモン果汁 …… 適量
締めサバ
| サバ（切り身）…… 1枚
| 塩、酢、昆布 …… 各適量
カブ（聖護院カブ）…… 1個
塩、昆布だし …… 各適量
イワタケ* …… 適量

*イワタケ／イワタケを水でもどし、だし醤油で調味したもの

作り方

1 林檎和えの衣を作る。リンゴを半分に切り、芯とガクを取る。太白ゴマ油をぬったおろし金でゆっくり皮ごとすりおろす。
2 ①を鍋に入れ、少量の太白ゴマ油を加えて煮詰める。鍋を冷水に当てて急冷し、レモン果汁を加えて赤く発色させる。
3 締めサバを作る。サバはべた塩をして1時間ほどおき、水で洗って一晩ねかせる。酢で洗い、昆布で挟んで真空にかけ、最低一晩締める。
4 カブは皮をむいて厚さ3mmに切り、塩を加えた昆布だしに浸けておく。
5 ③と④を②の衣で和えて器に盛る。イワタケをのせる。

鯛尾煮凝り おろしポン酢和え

59

八雲茶寮

タイの尾を酒蒸しして丸ごと盛りつけた迫力満点の一品は、
「刺し身にならない部位を有効に使うには?」という問いから生まれたもの。
タイとハクサイの煮凝りを撹拌したジュレにポン酢を加えた和え衣は、
まるで「鍋料理」そのものを食べているかのような凝縮感を楽しめる。

材料〈2〜3人分〉

タイの尾 …… 1尾分
塩 …… 適量
ハクサイの芯(細切り) …… 1/2個分
ショウガ(スライス) …… 1片
合わせだし
| 酒 …… 200g
| 水 …… 200g
| 昆布 …… 15g
| 塩 …… 6g
| 淡口醤油 …… 6g
ダイコンおろし(鬼おろし) …… 適量
ポン酢 …… 適量
白ネギ(みじん切り) …… 適量
カイワレの軸 …… 適量

作り方

1 タイの尾は軽く塩をふり、しばらくおいて水気を出す。熱湯で霜降りし、掃除する。

2 ①のタイの尾、ハクサイの芯、ショウガを耐熱容器に入れ、合わせだしを冷たい状態でひたひたになるように注ぎ、火にかける。軽く沸騰したらアクをすくい、ラップをして蒸し器に入れ、10分程度蒸す。

3 ②の粗熱がとれたらタイの尾とハクサイの芯を取り出す。蒸し汁は漉す。

4 ③の蒸し汁を再度火にかけ、沸騰したらアクをとる。必要であれば淡口醤油(分量外)で味をととのえる。

5 ④の蒸し汁に③のタイの尾とハクサイの芯を戻し入れ、冷ます。冷蔵庫で一晩ねかせて煮凝りにする。

6 ⑤の煮凝りからハクサイの芯を取り出して1cm角に切り出し、ダイコンおろし、ポン酢、白ネギと混ぜる。必要なら淡口醤油(分量外)で味を調整する。

7 器に⑤のタイの尾を盛る。⑥を添え、切り整えたカイワレの軸をのせる。

鱸のむしり身の蓼酢和え

60
江戸前
芝浜

江戸時代、タイに次いで珍重されていた魚はスズキだった。
海原氏が仕立てたのは、「酒塩焼き」にしたスズキの身をほぐし、
パリパリに焼いた皮とともにタデ酢で和えた夏らしい一品。
ほぐし身にすることで、焼きものなどに使いづらい部位を活用できる点も魅力だ。

材料

スズキ(活かったもの) 1尾
酒塩*1 ...... 適量
タデ酢
　タデの葉 10g
　酢 大さじ1
　塩 小さじ1
紅ショウガ*2 ...... 適量
ネギ(せん切りして水にさらす) ...... 適量

*1 酒塩/酒に塩を加えたもの
*2 紅ショウガ　新ショウガのせん切りを赤梅酢に漬け込んだもの

作り方

1　スズキを水洗いし、骨付きのまま酒塩に3時間〜一晩浸ける。
2　①を火にかけ、骨から身がすっと外れるまで焼く。皮をはぎ、身をほぐす。皮はパリパリになるまで炙り、砕く。
3　タデ酢を作る。タデの葉の硬い茎の部分を取り除く。塩(分量外)で揉み、水にさらす。
4　③をきざみ、すり鉢ですりつぶす。酢を加え、塩で味を整える。
5　ほぐしたスズキの身に④の蓼酢をまぶし、砕いたスズキの皮、紅ショウガ、ネギを混ぜる。

炙り太刀魚とアスパラガスと花びら茸の黄身醬油和え

61
旬の菜と
旨い酒
おおはま

タチウオを和えた黄身醬油は、炙ったホタテや貝類とも相性よし。
キクラゲと、「キクラゲをフワッとさせたような」ハナビラタケが食感のアクセント。
ここにグリーンアスパラガスのお浸しを合わせたのは
アスパラガスを卵のソースで食べるフランスやイタリアの伝統料理からの発想だ。

材料

黄身醬油
| 卵黄 …… 3個分
| 濃口醬油 …… 5mL
タチウオ …… 1尾
グリーンアスパラガス …… 適量
ハナビラタケ …… 適量
八方だし …… 適量

作り方

1 黄身醬油を作る。卵黄をボウルに入れ、65〜70℃の湯煎で温めながら、もったりするまで混ぜる。濃口醬油を加えたらボウルを湯煎から外し、氷水に当てて冷ましながらさらに混ぜ合わせる。
2 タチウオを三枚におろし、皮目をバーナーで炙る。
3 グリーンアスパラガスは皮をむいて塩ゆでし、八方だしに浸けておく。
4 ハナビラタケは掃除して石づきを落とし、塩ゆでする。八方だしに浸けておく。
5 適宜に切った②〜④を器に盛り、①の黄身醬油をかける。

鱧の鱧子和え 梅肉 胡瓜

62
赤坂 おぎ乃

落としや煮もの椀など、加熱して食べることが多いハモだが「実は生で食べてもおいしい魚。その持ち味を引き出したい」と考案した一品。皮目を炙ったハモを、塩気を控えめにした自家製のハモの卵の塩漬けで和え、梅肉とキュウリを添えて清涼感を出している。

材料

ハモ（卵を抱えたメス）……1尾
塩……適量
梅肉……適量
キュウリ……適量
花穂ジソ……適量

作り方

1 ハモをさばき、骨切りする。皮をはぎ、身の表面をバーナーでさっと炙る（身の中まで火が入らないようにする）。卵と皮は取りおく。
2 ①の卵の血合いや筋を取り除き、塩をして冷蔵庫に半日おく。霧吹きで酒をふりかけ、さらに半日おく。
3 ①の皮を150℃の油（分量外）で油通ししてから、炭火で油を落としながら香りよく焼く。
4 ①のハモの身を②の卵の塩漬けで和えて器に盛る。梅肉、あられに切ったキュウリ、花穂ジソを散らし、③のハモの皮をのせる。

鱧の親子和え

63
京料理
直心房
さいき

才木氏のハモの親子和えは、ハモの卵に日持ちするようにしっかり塩をきかせた塩辛を、玉酒で塩抜きして和え衣にした仕立て。卵の澄んだ色合いが美しく、そのままおつまみにすることもある。
「タイの真子を、ハモの子と同じ要領で塩辛にしてもおいしいです」(才木氏)。

材料

- ハモ(卵を抱えたメス) …… 1尾
- 塩水(塩分濃度20%) …… 適量
- 玉酒* …… 適量
- スダチ …… 適量
- 塩 …… 適量
- 花穂ジソ …… 適量
- ワサビ …… 適量
- *玉酒/酒と水を1:1の割合で合わせたもの

作り方

1 ハモをさばき、卵を取り出す。卵についた血合や筋を取り除き、塩水に1週間漬ける。
2 ①の卵をザルに上げて水気をきる。卵の3倍量の玉酒に一晩漬けて塩抜きする。再度ザルに上げて水気をきる。
3 ②にスダチ果汁を絞る。
4 ハモの上身を骨切りして身に軽く塩をふる。皮のみを焼いて適当な大きさに切る。
5 ④を③で和え、器に盛る。花穂ジソを散らし、ワサビのすりおろしをのせる。

ぶりりゅうきゅう

64
八雲茶寮

刺身の切れ端を漬けにして食べる「りゅうきゅう」は大分県の伝統料理だが、元は琉球より漁法とともに伝わったとも言われる。梅原氏はそこからさらに想像を広げ、甘・辛・酸の三味が入り交じる東南アジア風の構成に。大分・国東半島に自生するボタンボウフウを添え、現代の郷土料理へと再構築した。

材料〈2人分〉

ブリ(冊) …… 150g
柚子胡椒たれ
　煮切り酒 …… 60g
　ミリン …… 15g
　たまり醤油 …… 15g
　濃口醤油 …… 15g
　柚子胡椒 …… 適量
　ショウガの絞り汁 …… 少量
　カボス果汁 …… 適量
薬味(万能ネギ、白ネギ、ミョウガ、ボタンボウフウ) …… 適量
ボタンボウフウ(仕上げ用) …… 適量

作り方

1 ブリをそぎ切りにする。
2 柚子胡椒たれの材料を合わせ、①を浸けて5分ほどおく。
3 薬味の万能ネギは小口にきざみ、白ネギ、ミョウガ、ボタンボウフウはせん切りにする。
4 ②のブリを器に盛り、薬味をのせる。仕上げ用のボタンボウフウをあしらう。

マグロのぬた

65
江戸前
芝浜

西日本では白味噌のぬたが多いが、江戸では伝統的に赤味噌が主流。
かつては米麹を多く加えて甘みを高めた「江戸甘味噌」が用いられたという。
今回はそれを再現した江戸甘味噌に赤酢を合わせ、マグロとネギを和えた。
「ネギのぬめりはある程度残したほうがおいしく、からみもよくなります」(海原氏)。

材料

酢味噌
| 味噌(江戸甘味噌*1) …… 20g
| 赤酢 …… 適量
マグロの赤身(冊) …… 適量
だし割り醤油*2 …… 適量
ネギ(千住ネギまたは長ネギ) …… 適量
溶き辛子 …… 適量

*1 江戸甘味噌／かつて、江戸で多く用いられた味噌のスタイルを再現した製品。米麹を多く加えて甘みを引き出し、塩分濃度は低く抑えているのが特徴
*2 だし割り醤油　カツオだしと濃口醤油を1:5の割合で合わせたもの

作り方

1 酢味噌を作る。味噌に赤酢を加え混ぜる。
2 マグロの赤身をそぎ切りにして、だし割り醤油で洗う。
3 ネギを長さ5cmに切り、縦に四等分する。外側の部分と内側の部分をそれぞれ塩ゆでし、冷ましておく。
4 ②と③の水気をきり、①の酢味噌で和える。器に盛り、溶き辛子を添える。

鮪納豆味噌和え、ワケギ

66
京料理
直心房
さいき

八丁味噌で仕立てたコクのある田楽味噌と、洗って粘り気を抑えた納豆を合わせた才木氏オリジナルの「納豆味噌」が和え衣。
「ちなみに、田楽味噌を白味噌で作る場合はカツオ節を加えて旨味を補い、代わりに砂糖を控えめにするとバランスがよくなります」(才木氏)。

材料

納豆味噌(数字は割合)
- 小粒納豆 …… 1
- 田楽味噌(赤)* …… 1
- 一番だし …… 少量

マグロ …… 適量
ワケギ …… 適量
塩 …… 適量
赤紫蘇の芽 …… 適量

＊田楽味噌(赤)／八丁味噌1kg、卵黄30個分、三河ミリン900mL、砂糖200gを合わせて炊いたもの。熱いうちに裏漉しし、冷凍保存する

作り方

1 納豆味噌を作る。溜め水で洗ってぬめりを取り、水気をきる。これを裏漉しし、田楽味噌(赤)と同割して、少量の一番だしでのばす。
2 マグロは拍子木に切る(切る前に表面を炙ってもよい)。
3 ワケギをゆでて塩をふり、冷ます。手でしごいて水気を切りつつ、余分なぬめりを取る(ネギのおいしさが含まれるため、ぬめりは取りすぎない)。
4 ②と③を①の納豆味噌で和え、器に盛る。赤紫蘇の芽をのせる。

4

chapter

野菜、果物、豆の和えもの

三種和え　白ウリ、ミョウガ、蒟蒻

67
江戸前
芝浜

毎年暑い時期に提供している、季節の野菜の煎り酒和え。
ウリやコンニャクの透明感のある彩りが美しく、煎り酒の酸味も夏向きの一品だ。
「コンニャクを入れるのは伝統的なレシピなのですが、
私自身で思いつかないおもしろい組合せで気に入っています」(海原氏)。

材料〈2人分〉

煎り酒
　酒 …… 400mL
　梅干し …… 大1個
　カツオ節 …… 10g
　塩 …… 少量
　濃口醤油 …… 少量
シロウリ …… 1本
塩 …… 少量
ミョウガ …… 1/3本
コンニャク …… 20g

作り方

1　煎り酒を作る。土鍋で酒を煮切る。火を止めて梅干し、カツオ節を加え、一晩おく。塩と濃口醤油で味をととのえ、漉す。
2　シロウリの皮をむき、種を取り除く。薄切りにして塩を揉み込む。
3　ミョウガをせん切りにして水にさらす。
4　コンニャクをシロウリと同じ大きさに切り、ゆでこぼす。
5　②〜④の水気をきり、①の煎り酒に浸しておく。器に盛る。

夏野菜の和え物

68
赤坂 おぎ乃

荻野氏が「銀座 小十」主人、奥田 透氏の元で修業した際に学んだ一品。季節の野菜をお浸しにして、それぞれの浸け地を合わせて味をととのえる。ヤングコーンの香ばしさ、フルーツトマトの酸味など野菜の個性を考慮し、焼きナスの地には濃口醤油をたらすなど、細かなバランス調整が味の決め手。

材料〈2人分〉

- ナス …… 1本
- スナップエンドウ …… 2個
- ヤングコーン …… 2本
- オクラ …… 2本
- インゲン …… 2本
- フルーツトマト …… 1個
- クルマエビ …… 4尾
- お浸しの地* …… 適量
- スダチ …… 適量
- ワサビ …… 適量
- 淡口醤油 …… 適量
- 青ユズ …… 適量

*お浸しの地／二番だしに塩と淡口醤油を加えて、やや濃い目に味つけしたもの

作り方

1. ナスは皮が黒く焦げるまで焼き、実を取り出す。
2. スナップエンドウは筋を取り、フライパンで焼く。
3. ヤングコーンは素揚げする。
4. オクラとインゲンはゆがいて適宜の大きさに切る。
5. トマトは湯むきして適宜の大きさに切る。
6. クルマエビはゆでて皮をむく。
7. ①〜⑥をそれぞれお浸しの地に浸ける。
8. 野菜を浸けた地を少量ずつ合わせて味を調整する（オクラの地は粘り気が出るので使わない）。スダチ果汁を絞り、ワサビのすりおろしと淡口醤油で味をととのえる。
9. 水気を切った①〜⑦を器に盛り、⑧をかける。青ユズの皮をすりおろす。

冷やしミニおでんのみがらし味噌和え

69

旬の菜と
旨い酒
おおはま

愛媛県で親しまれている辛子酢味噌の一種、みがらし味噌。
同地出身の大濱氏には、「おでんといえばみがらし味噌」が定番だったという。
味の決め手は麦味噌の香ばしい風味と柑橘果汁のさわやかさ。
辛子の風味は和え立てが鮮烈だが、「翌日も味がなじんでまたおいしいものです」。

材料

みがらし味噌（数字は割合）
　麦味噌 …… 4
　砂糖 …… 2
　粉辛子 …… 1
　酢 …… 1
　酒 …… 1
　柑橘の果汁 …… 適量
ダイコン …… 適量
ウズラの卵 …… 適量
玉コンニャク …… 適量
さつま揚げ …… 適量
牛スジ肉 …… 適量
おでんのだし* …… 適量
スナップエンドウ …… 適量
ミニトマト …… 適量

＊おでんのだし／昆布だしとカ
ツオ昆布だしを2：1の割合で
合わせ、淡口醤油とミリンで味
をつけたもの

作り方

1　みがらし味噌を作る。お碗の中で粉辛子を少量のぬるま
　湯（分量外）で練り、伏せて1時間ほどおいて辛味を出す。
　すり鉢に辛子、麦味噌、砂糖を入れてすり混ぜる。酢と
　酒でのばし、柑橘の果汁を加える。
2　ダイコンは適宜に切って下ゆでする。
3　ウズラの卵は沸騰した湯で3分ほどゆでる。殻をむく。
4　玉コンニャクはゆでてアクを抜き、さつま揚げは熱湯を
　かけて油抜きする。
5　牛スジ肉は適宜に切り、霜降りする。水とともに圧力鍋
　に入れて、30分ほど煮る。
6　②〜⑤をおでんのだしに入れて、弱火で炊く。具材に味
　が染みたら火を止め、冷ます。
7　冷たい⑥に、ゆでたスナップエンドウと湯むきしたミニ
　トマトを浸けておく。
8　⑦の冷やしおでんの具材の水気を切り、①のみがらし味
　噌で和える。

いちじくのくるみ味噌和え

70 赤坂 おぎ乃

生のイチジクに白ワインをふって蒸したシンプルなワイン蒸しに、濃厚なクルミ味噌を合わせた。冷製にして八寸に盛り込むことが多い一品だ。くるみ味噌は白味噌に市販のクルミペーストを混ぜたもので、「このペーストをゴマ豆腐に混ぜてクルミ豆腐にすることもあります」(荻野氏)。

材料〈2人分〉

くるみ味噌
　白玉味噌* ……50g
　クルミペースト ……10g
　クルミ ……適量
イチジク白ワイン蒸し
　イチジク ……1個
　白ワイン ……少量
キャラメリゼしたクルミ ……適量
青ユズ ……適量

*白玉味噌/白漉し味噌1kg、上白糖200g、酒250g、全卵6個、卵黄2個分を合わせて炊き、漉したもの

作り方

1 くるみ味噌を作る。白玉味噌にくるみペーストを加え、煎って砕いたクルミを混ぜる。
2 イチジクの白ワイン蒸しを作る。イチジクの皮をむき、白ワインをふって蒸す。
3 ②のイチジクを器に盛り、蒸し汁を張る。①のくるみ味噌とキャラメリゼしたクルミ（解説省略）をのせ、青ユズの皮をすりおろす。

いちじくと加茂茄子と生麩とナッツの田楽味噌和え

71
旬の菜と
旨い酒
おおはま

「ナスと田楽味噌」という誰もが喜ぶ鉄板の組合せに、
生麩とカシューナッツで食感のアクセントを加えた。
田楽味噌は赤味噌と白味噌を2：1で合わせてコクとマイルドさを両立。
写真の味噌は常温だが、軽く温めてイチジクとの温度の対比を楽しんでもよい。

材料

田楽味噌
 赤味噌 —— 100g
 白味噌 —— 50g
 酒 —— 100mL
 砂糖 —— 50g
 卵黄 —— 1個分

イチジク —— 適量
賀茂ナス —— 適量
太白ゴマ油 —— 適量
生麩 —— 適量
クルミ —— 適量
青ユズ —— 適量

作り方

1 田楽味噌を作る。材料をすべて合わせてよく混ぜる。弱火にかけ、卵黄に火が入り、全体がもったりするまで練る。
2 イチジクはヘタを取り、四等分する。
3 賀茂ナスは皮目に格子状に包丁目を入れ、表面に太白ゴマ油をぬって火床で焼く。適宜の大きさに切る。
4 生麩は焼く。
5 ②、③、④、煎ったクルミを①の田楽味噌で和えて器に盛る。青ユズの皮をすりおろす。

91

精進和え 白隠元豆、海藻、スダチ

72
八雲茶寮

昆布だしがベースのだし醤油に薄葛を引いた衣で、
歯ごたえのよい海藻や食べ応えのある白インゲン豆を和えた精進仕立ての品。
海外客をはじめとするベジタリアンやヴィーガンにも対応可能で、
かつ日本独特の海藻食文化の紹介にもつながる意欲作だ。

材料

白インゲン豆 …… 適量
白インゲン豆の地*1
海藻(塩蔵)*2 …… 適量
淡口だし醤油(数字は割合)
　昆布だし …… 3
　淡口醤油 …… 0.8
　煮切りミリン …… 0.5
　酢 …… 0.5
葛粉 …… 適量
スダチ …… 適量
粗塩 …… 適量

*1 白インゲン豆の地／昆布だしに淡口醤油や砂糖を加えて薄甘くアタリをつけた地
*2 海藻／ミリン(九州の一部地域で食用される紅藻の一種)やトサカノリなど歯ごたえのよい海藻の塩蔵品を使用

作り方

1 白インゲン豆は一晩水に浸けてからゆでてもどし、地で炊く。
2 海藻を水でもどし、水気をきる。淡口だし醤油(材料をすべて合わせる)で洗って下味をつける。
3 淡口だし醤油を鍋にとって温め、水に溶いた葛粉を加え、軽くとろみをつける。冷蔵庫で冷やしておく。提供前にスダチ果汁を絞る。
4 ①と②を合わせ、器に盛る。③の餡をかけ、粗塩をふる。

蕪の梅肉鰹節和え

73
赤坂 おぎ乃

昆布だしに浸けたカブの薄切りを、梅肉とカツオ節で和えた小さな一品。
コースの最後にご飯とともに出す香の物という位置づけだ。
カブは、最初に塩をした際に一度水分が抜けるが、
梅肉で和えると再び水が出るため、提供直前に仕上げることが欠かせない。

材料

- カブ …… 1個
- 塩 …… 適量
- 昆布だし …… 適量
- 梅肉 …… 適量
- カツオ節 …… 適量

作り方

1. カブの皮をむき、薄切りにして塩をふる。30分おいてから水気を絞る。昆布だしに浸けて30分おく。
2. カブの茎は長さ2～3cmに切り、ゆがいて水気を絞る（一部は生のまま仕上げ用に取りおく）。塩をふり、30分おいてから再度水気を絞る。昆布だしに浸けておく。
3. 梅肉を裏漉しし、①と②を和える。器に盛り、カツオ節をのせ、生のカブの茎を飾り切りしたものを添える。

きのことイクラのおろし和え

74 赤坂 おぎ乃

キノコとイクラという、秋の八寸にふさわしい季節感豊かな素材をおろし和えに。「シロマイタケやミツバの軸を加えるのが小さなポイント。おろし和えは、食感の立つ素材を入れると箸が進みやすくなります」(荻野氏)。

材料

キノコ(シメジ、シロマイタケ) …… 適量
八方だし …… 適量
おろし和えの衣
　ダイコンおろし …… 100g
　(水気を絞った状態で)
　淡口醤油 …… 9g
　濃口醤油 …… 5g
　スダチ果汁 …… 1.5個分
　ワサビ(すりおろす) …… 適量
イクラの醤油漬け …… 適量
ミツバの軸 …… 適量
黄ユズ …… 適量

作り方

1 キノコを掃除してゆでる。水気をきり、八方だしに浸けておく。
2 おろし和えの衣の材料をすべて合わせる。
3 ①のキノコとイクラの醤油漬け(解説省略)を②の衣で和えて器に盛る。ゆでたミツバの軸とあられに切った黄ユズの皮を天に盛る。

キャベツの金山寺味噌和え

75
赤坂
おぎ乃

塩ゆでしたキャベツと金山寺味噌の組合せで、香の物として提供する。
和え衣は、甘口でそれ自体がつまみになるようなタイプの味噌を選ぶのがコツ。
キャベツの代わりにゴボウのきんぴらを和えてもおいしい。

材料
キャベツ ……… 適量
金山寺味噌 ……… 適量
濃口醤油 ……… 数滴

作り方
1 キャベツを食べやすい大きさに切り、ゆでる。水気をしぼる。
2 ①を金山寺味噌で和え、濃口醤油をたらす。

キャベツと紫玉葱と生ハムのヴィネグレットソース和え

76
旬の菜と
旨い酒
おおはま

大濱氏流の「ちょっと高級なコールスロー」を目指して作った洋風の和えもの。
ヴィネグレットはマヨネーズを使っていないのでさっぱりとした味わいで、
とくにワイン好きなお客から好評を得ている。
箸休めとして、また他の料理の付合せとしても活躍する一品。

材料

ヴィネグレットソース
　白ワインヴィネガー
　　　 50mL
　マスタード —— 15g
　塩 —— 適量
　コショウ —— 適量
　サラダ油 —— 200mL
キャベツ —— 適量
紫タマネギ —— 適量
生ハム —— 適量
粉チーズ —— 適量
塩 —— 適量
コショウ —— 適量
ケイパー（酢漬け）
　—— 適量

作り方

1. ヴィネグレットソースを作る。サラダ油以外の材料をすべて合わせ、混ぜる。サラダ油を少量ずつ加えながら、泡立て器で混ぜて乳化させる。
2. キャベツはせん切りにする。塩をまぶし、30分ほどおき、水気を絞る。
3. 紫タマネギはスライスし、水にさらす。水気をきる。
4. 生ハムは細切りにする。
5. ②、③、④を①で和え、粉チーズを加え混ぜる。塩、コショウで味をととのえ、ケイパーをのせる。

うるか小芋

77
八雲茶寮

夏に仕込み、数ヵ月を経て熟成してきたうるかと、
秋～冬に旬を迎えるサトイモとの出合いを楽しむ一品。
サトイモを皮ごと煮含めてから素揚げする野趣に富んだ仕立てだが、
よりシンプルにゆがいた小イモを和えるだけでもおいしい。

材料〈2人分〉

うるか味噌
- 酒 …… 大さじ3
- ミリン …… 大さじ2
- うるか …… 大さじ1
- 卵黄 …… 3個分
- 田舎味噌 …… 大さじ1

サトイモ …… 2個
八方だし …… 適量
薄力粉 …… 適量

作り方

1 うるか味噌を作る。鍋で酒とミリンを温めてアルコールをとばし、うるかを加えて煮溶かす。
2 ①に卵黄を加え、混ぜながら加熱する。卵黄に火が入り、もったりしてきたら田舎味噌を加え混ぜる。
3 サトイモはたわしなどで皮を軽くみがき、糠ゆがきする。皮付きのまま八方だしで炊き、冷ます。
4 ③のサトイモに軽く薄力粉をはたき、170℃の油で揚げる。
5 ④を食べやすい大きさに切って器に盛り、②のうるか味噌をかける。

小松菜と油揚げのお浸し

78
赤坂 おぎ乃

一見するとオーソドックスな青菜と揚げのお浸しだが、
油揚げをだしの中でいったん沸かしてそのまま冷まし、
地に油分をしみ出させるのがポイント。
この地とコマツナの浸け地を合わせることで、味に奥行きが生まれる。

材料
- コマツナ …… 1束
- 油揚げ …… 1枚
- お浸しの地
  - 二番だし …… 適量
  - 塩 …… 少量
  - 淡口醤油 …… 少量
- ナガイモ …… 適量
- スダチ …… 適量

作り方
1 コマツナはゆでて水気を絞る。お浸しの地(材料をすべて合わせる)に浸ける。
2 油揚げは熱湯で油抜きしてからお浸しの地に入れて沸かす。火を止め、そのまま浸けておく。
3 ①と②の浸け地を合わせる。必要なら淡口醤油(分量外)で味を調整する。
4 ①のコマツナと②の油揚げの水気を切り、拍子木に切ったナガイモと合わせて器に盛る。③の地を注ぎ、輪切りにしたスダチをのせる。

白瓜なまり節和え

79
江戸前 芝浜

なまり節はカツオのおろし身をゆでて、あるいは蒸して作る加工品で、
おろし合えなどにするのが江戸の定番料理だったという。
海原氏は自家製のなまり節にキュウリを合わせて土佐酢和えに。
淡白なカツオにだしで旨味を補いつつ、さわやかに仕上げた。

材料

なまり節
- カツオ(冊。尾に近い部分) …… 1枚
- 塩 …… 適量

土佐酢
- 水 …… 500mL
- 酒 …… 50mL
- ミリン …… 50mL
- 濃口醤油 …… 50mL
- 酢 …… 50mL
- カツオ節 …… ひとつかみ

シロウリ …… 1本
新ショウガ …… 適量

作り方

1. なまり節を作る。カツオに塩をまぶし、半日〜一晩冷蔵庫におく。
2. ①を蒸して芯まで加熱する(ゆでてもよい)。冷ます。
3. 土佐酢を作る。カツオ節以外の材料をすべて合わせ、ひと煮立ちさせる。アルコールがとんだら火を止め、カツオ節を加える。しばらく静置し、カツオ節が沈んだら漉す。
4. シロウリの皮をむいて種を取る。長さ3cm、幅5mmの大きさに切り揃え、塩水(分量外)に3時間浸す。
5. ④の水気をきり、③の土佐酢に浸す。
6. ②のなまり節をほぐし、水気を絞った④のシロウリと新ショウガのせん切りを和える。新たに土佐酢で味をととのえる。

すぐきとリンゴのクリームチーズ和え

80
悠々

クリームチーズに少量の塩を加えてつぶしたなめらかな衣に
スグキ漬けの塩気と乳酸発酵由来の酸味、リンゴの甘みと酸味が合わさって、
さっぱりしつつも満足感のある味わいに。ブドウやマクワウリとも好相性な他、
「あん肝と奈良漬のクリームチーズ和えも好評でした」(下田氏)。

材料〈2人分〉

クリームチーズ衣
　クリームチーズ …… 15g
　塩 …… 少量
スグキ漬け …… 1/8個
リンゴ …… 1/4個
ピンクペッパー …… 適量

作り方

1 クリームチーズ衣を作る。クリームチーズに塩を加え、なめらかになるまで混ぜる。
2 スグキ漬けの実と葉をそれぞれ8mm角に切る。
3 リンゴの皮をむき、8mm角に切る。
4 ②と③を①の衣で和える。器に盛り、ピンクペッパーを散らす。

筍と粟麩の木の芽味噌和え

81
赤坂
おぎ乃

荻野氏の木の芽味噌は玉味噌に木の芽を加え、青寄せで色をととのえたもの。
木の芽が多いほどおいしく、「2人分で2/3パックくらい使います」(荻野氏)。
タケノコの他に豆腐やコンニャクの田楽など精進料理に合わせることが多く、
「麩との相性もとてもよく、この料理に欠かせないパーツです」。

材料

木の芽味噌
　白玉味噌(→90ページ)
　　…… 45g
　木の芽 …… 5g
　青寄せ*1 …… 6g
タケノコ …… 1本
タケノコの地*2
　…… 適量
粟麩 …… 適量
木の芽 …… 適量

*1 青寄せ／生のホウレンソウと少量の水をミキサーにかけ、ざっと漉す。漉しとった液体を火にかけて沸かし、浮いてきた青い繊維分をすくって青寄せとする

*2 タケノコの地／二番だしに淡口醤油と濃口醤油、たっぷりの酒を加えて味をととのえたもの

作り方

1 木の芽味噌を作る。白玉味噌にすりおろした木の芽と青寄せを加え混ぜる。
2 タケノコはぬかゆがきして、タケノコの地で20〜30分炊く。1cm角に切る。
3 粟麩は炭火であぶり、1cm角に切る。
4 ②と③を①の木の芽味噌で和え、器に盛る。木の芽を散らす。

だしがら煎り煮 豆腐 カリカリ梅 青菜

82
八雲茶寮

日々の営業で出るだしがらで作った「おいしいふりかけ」を和え衣とした。
豆腐と合わせて塩昆布でアクセントをつければ、即席の"白和え"が完成する。
他にも青菜のお浸しや浅漬けの和え衣として、漬けにした魚のコク出しとして、
そのまま常備菜として、など活躍範囲の広いすぐれものだ。

材料

だしがら煎り煮

- カツオ節のだしがら（よく絞る）…… 350g
- 水 …… 300g
- A
  - 水 …… 250g
  - 酒 …… 50g
  - 濃口醤油 …… 100g
  - ミリン …… 100g
  - ゴマペースト …… 10g
- 白炒りゴマ*1 …… 35g
- カツオ節*2 …… 20g

豆腐（絹ごし）…… 適量
カリカリ梅 …… 適量
青菜のお浸し …… 適量

*1 白煎りゴマ／みがきゴマを使用直前に煎って用いる
*2 カツオ節／使用直前にから煎りし、ほぐしておく

作り方

1. だしがら煎り煮を作る。カツオ節のだしがらと水300gをフード・プロセッサーに入れ、細かくなるまで回す。
2. ①とAの材料を鍋に入れ、よく混ぜる。弱火にかけ、だしがらがパラパラの粉末になるまで煎り煮にする（焦げ付かないように注意する）。
3. 仕上げに白煎りゴマとカツオ節を加える。
4. 水気をきった豆腐、カリカリ梅、青菜のお浸し（解説省略）を器に盛り、③のだしがら煎り煮をかける。

茄子のずんだ和え ウニ 鮑

83
赤坂 おぎ乃

ウニとアワビが目を引く贅沢な一品だが、主役はあくまでナスとずんだ衣。
ずんだ衣は、なめらかなペーストと粒感を残したペーストを合わせて食感を調整。
ナスのお浸しから水気が出るのを見越して、衣はやや固めに仕上げておく。
素材の味を生かすため、衣には醤油を1、2滴たらすに留めて最小限の味つけに。

材料

ずんだ衣
| エダマメ …… 2〜3パック
| 昆布だし …… 少量
ナス（熊本県産赤ナス）…… 1本
八方だし …… 適量
塩 …… 少量
淡口醤油 …… 少量
生ウニ …… 適量
蒸し鮑 …… 適量
松ノ実 …… 適量
青ユズ …… 適量

作り方

1 ずんだ衣を作る。エダマメを塩ゆでし、サヤと薄皮を取り除く。一部はすり鉢で食感が残るようにすり、残りはミキサーでなめらかになるまで撹拌する。
2 ①のエダマメ2種を合わせ、昆布だしで濃度を調整する。
3 ナスを皮ごと炭火で焼く。実を取り出し、八方だしに浸す。
4 ③のナスの水気をきり、②の衣で和える。塩と淡口醤油で味をととのえる。
5 ④を器に盛り、生ウニと蒸し鮑の細切りをのせる。松ノ実をふり、青ユズの皮のすりおろしを天盛りする。

水茄子と新銀杏、ずんだ和え

84
京料理
直心房
さいき

昆布だしでお浸しにした水ナスとミリンで煎った新銀杏を合わせた、色合い鮮やかな精進仕立てのずんだ和え。
ずんだ衣のエダマメは昆布だしでゆで、ゆで汁に浸したまま急冷。
この、豆の風味が移ったゆで汁で衣をのばして、味わい豊かに仕上げた。

材料

ずんだ衣（数字は割合）
　エダマメ（茶豆）……適量
　昆布だし……100
　塩……3
水ナス……1個
塩、昆布だし……各適量
新銀杏……適量
ミリン……適量

作り方

1　ずんだ衣を作る。塩ずりしたエダマメを昆布だしでゆでる。豆に火が入ったら、鍋を氷水に当てて冷ます。
2　①のエダマメをサヤから取り出し、すり鉢でする。
3　①のゆで汁に塩を加え、②に少量注いで味をととのえる。
4　水ナスは皮付きのまま適宜の大きさに切り、塩を加えた昆布だしに浸ける。
5　新銀杏は殻と薄皮をむいてミリンで煎る。
6　④と⑤を③の衣で和えて器に盛る。

はじき葡萄

85
江戸前
芝浜

八百善四代目主人、栗山善四郎が著した料理書『料理通』に
登場することで知られる「はじき葡萄」は、ブドウのおろし和えのこと。
海原氏は皮をむいた巨峰を醤油洗いして下味をつけ、酢おろしで和えた。
さわやかな具材と和え衣の組合せで、口直しや前菜に最適な一品に。

材料〈2人分〉

酢おろし
　ダイコンおろし …… 大さじ2
　米酢 …… 適量
　塩 …… 適量
ブドウ(巨峰) …… 5粒
濃口醤油 …… 適量
新ショウガ …… 適量

作り方

1 酢おろしを作る。ダイコンおろしの水気をきり、米酢と塩で味をととのえる。
2 ブドウの皮をむき、濃口醤油で洗う。二等分する。
3 ②と新ショウガのせん切りを①の酢おろしで和える。

玉露とマスカットの山葵酢和え

86
八雲茶寮

玉露を淹れた後の茶がらで作る「おいしい煎茶のワサビ和え」がコンセプトで、山葵酢で和えた茶葉でシャインマスカットを食べるという意外性も楽しい一皿。「マスカットのように青い香りのする食材や、ナシなどと好相性です」(梅原氏)。山葵酢は、柑橘果汁と米酢をブレンドすることで酸味に深みが出る。

材料

玉露山葵酢(単位のない数字は割合)
- 米酢 …… 3
- スダチ果汁 …… 3
- 淡口醤油 …… 1
- 茶(玉露)の雫 …… 数滴
- 茶がら(玉露)* …… 7g
- ワサビ(すりおろす) …… 適量

ブドウ(シャインマスカット) …… 1粒

*茶がら/茶のだしがらの水気をきって使用する

作り方

1 玉露山葵酢を作る。ワサビと茶がら以外の材料を混ぜ合わせる。
2 茶がらを①で和え、ワサビを加える。
3 ②とスライスしたブドウを器に盛る。玉露山葵酢とブドウを一緒に食べるようすすめる。

ブロッコリー へしこヌカスパイス和え

87
八雲茶寮

クミンやコリアンダーとナッツを合わせる中東の複合スパイス「デュカ」と、九州の郷土料理ぬか炊きに使う旨味がのった夏越しの「ぬか」が融合して誕生したのが、こちらの「ヌカスパイス」だ。煎りぬかパウダーに加えてシイタケ粉、昆布粉で和の風味を補強してあり、焼き野菜と相性がよい。

材料

ヌカスパイス
| アーモンド …… 大さじ3
| ヘーゼルナッツ …… 大さじ2
| コリアンダーシード …… 小さじ1
| 煎りゴマ …… 小さじ1
| キャラウェイシード …… 小さじ1/2
| クミンパウダー …… 小さじ1
| 昆布粉、シイタケ粉 …… 各小さじ1
| 煎りぬか* …… 大さじ2
ブロッコリー …… 適量
オリーブオイル …… 適量
豆乳マヨネーズ …… 適量

*煎りぬか／ぬかをフライパンでパラパラになるまで煎ったもの。ここではヘシコのぬかを使ったが、なければぬか漬けのものでもよい

作り方

1 ヌカスパイスのアーモンドとヘーゼルナッツはローストして粗くきざむ。
2 ヌカスパイスの材料をすべて合わせ、混ぜる。
3 オリーブオイルを熱したフライパンでブロッコリーを焼き付ける。
4 器に豆乳マヨネーズ（解説省略）を流し、②のヌカスパイスを盛る。③のブロッコリーをのせる。

百合根　梅ヶ香和え

88
江戸前
芝浜

梅ケ香(うめがか)は梅干とカツオ節を酒や醤油で煮た、なめ物の一種。
伝統的なレシピ通りに酒で煮るとカツオ節の生臭さが出ることから、
海原氏は煮切り酒で海苔を溶き、梅肉やカツオ節を加えるスタイルに。
梅の花弁に見立てたユリネを赤梅酢で洗って合わせ、早春らしい一品とした。

材料〈2人分〉

梅ケ香
　酒 …… 180mL
　海苔(アサクサノリ) …… 5枚
　梅干し …… 大1個
　カツオ節粉 …… 10g
ユリネ(大羽) …… 1個(10枚前後を使用)
赤梅酢 …… 適量

作り方

1　梅ケ香を作る。酒を煮切り、海苔を入れて溶きほぐす。梅干しは種を抜いて梅肉を裏漉しする。すべての材料を混ぜ合わせる。
2　ユリネは柔らかくなるまで1時間ほど蒸し、鱗片をばらす。赤梅酢をまぶす。
3　②を①の梅ケ香でざっくり和えて器に盛る。

新蓮根と小松菜と鶏胸肉の塩昆布和え

89
旬の菜と
旨い酒
おおはま

よだれ鶏などにするため常備しているゆで鶏の新たな活用法として、たっぷりの野菜と合わせて食べごたえのある一皿に仕立てた。コマツナは水分が出ないように醤油洗いにするが、全体の味つけは塩と塩昆布ですっきりと。「ゲランドの塩が味のポイントです」（大濱氏）。

材料

- 新レンコン 1本
- コマツナ 1把
- 八方だし ...... 適量
- ゆで鶏
  - 鶏の胸肉 1枚
  - 粗塩 ...... 適量
  - 長ネギの頭 ...... 適量
  - ショウガ ...... 適量
- ミョウガ ...... 適量
- 太白ゴマ油 ...... 適量
- 粗塩（ゲランド） ...... 適量
- 塩昆布 ...... 適量

作り方

1. 新レンコンを3mm幅に切り、ゆでる。
2. コマツナを3cm幅に切り、ゆでる。八方だしに浸ける。
3. ゆで鶏を作る。鶏の胸肉に粗塩をまぶし、鍋に入れ、ひたひたより多めの水を注ぐ。長ネギの頭とスライスしたショウガを加え、火にかける。沸騰したらごく弱火にし、5分ほどゆでて火を止める。鍋に蓋をして2時間ほど室温におき、余熱で中まで火を通す（ゆで汁は、「鶏だし」として他の料理に使用する）。
4. ③の鶏の胸肉を細切りにする。
5. ①、②、④、スライスしたミョウガを合わせ、太白ゴマ油と粗塩と塩昆布で和える。

chapter 5 肉の和えもの

アスパラと牛肉の黄身餡和え

90
赤坂
おぎ乃

すき焼き風に割り下で煮た牛の赤身肉のスライスと、
フランス料理のサバイヨンをイメージさせるもったりとした黄身餡の組合せ。
焼いたグリーンアスパラガスと黄身餡の相性のよさも特筆すべき点だ。
黄身餡のだしの香りで全体をまとめ、実山椒の甘露煮をアクセントに添える。

材料

黄身餡
　卵黄 …… 3個分
　二番出汁 …… 36g
　淡口醤油 …… 2g
牛肉（ヒウチ）…… 50g
割り下* …… 適量
グリーンアスパラガス …… 1本
実山椒の甘露煮 …… 適量

＊割り下／日本酒とミリンを合わせて煮立たせ、醤油で濃いめに味をつけたもの

作り方

1 黄身餡を作る。卵黄、二番だし、淡口醤油を鍋に入れ、湯煎にかける。絶えず混ぜながら、卵黄がとろっとするまで熱する。裏漉しする。
2 牛肉を薄切りにして、割り下で漬け焼きにする。
3 グリーンアスパラガスを掃除して、炭火で焼く。食べやすい大きさに切る。
4 器に、①の黄身餡で和えた③のグリーンアスパラガスを盛る。②の牛肉を添えて黄身餡をかけ、実山椒の甘露煮（解説省略）をのせる。

鴨のがぜち和え

91
江戸前
芝浜

「がぜちあえ」はキジ肉をその内臓で和えたものが原型とされる江戸料理。
現代に再現する際はウズラなどを醤油でつけ焼きにして身を粗く叩き、
辛子酢で仕上げることが多い。海原氏はこれを鴨肉でアレンジ。
つけ焼きにした手羽や腿肉を大ぶりにむしって、噛み応えのある一品とした。

材料

鴨肉(手羽や腿など) …… 適量
濃口醤油 …… 適量
辛子酢
　粉辛子 …… 5g
　酢 …… 小さじ1弱

作り方

1. 鴨肉をさばき、濃口醤油をぬりながらつけ焼きにする。
2. 辛子酢を作る。粉辛子を少量の湯(分量外)で溶き、酢を加えて味を調整する。
3. ①の肉を食べやすい大きさにむしり、②で和える。

合鴨蒸し煮、水菜、鷹峯トウガラシの海苔山葵和え

92
悠々

和え衣の海苔山葵は、パリパリに炙った海苔を土佐醤油などでほどよく湿らせたところにワサビのすりおろしを加え混ぜたもの。「海苔の状態がすぐに悪くなるので、仕込んでおくことはできません。カウンターで作ってそのままお出しするのが大前提です」(下田氏)。

材料

合鴨蒸し煮
合鴨ロース ── 1枚
昆布だし ── 100mL
酒 ── 300mL
砂糖 ── 80g
濃口醤油 ── 180mL
淡口醤油 ── 80mL

海苔山葵
(単位のない数字は割合)
海苔 ── 1枚
昆布だし ── 1
土佐醤油
(→57ページ) ── 1
ワサビ ── 適量

ミズナ ── 適量
鷹峯トウガラシ ── 適量

作り方

1 合鴨蒸し煮を作る。合鴨ロースの皮目を焼く。
2 その他の材料を合わせて沸かす。
3 耐熱容器に①の合鴨ロースを入れて、熱々の②を注ぐ。蓋をして蒸し器に入れ、9分半蒸し煮にする。
4 ③から肉を引き上げ、しばらく常温において血抜きする。煮汁に戻し、一晩冷蔵庫でねかせる。
5 海苔山葵を作る。海苔をあぶり、昆布だしと土佐醤油を合わせたもので湿らせる。ほどよい柔らかさになったらワサビのすりおろしを加える。
6 細切りにした④の合鴨蒸し煮と適宜に切ったミズナを、⑤で和える。器に盛り、鷹峯トウガラシのせんぎりを天に盛る。

鴨とフェンネルの人参たれ和え

93
八雲茶寮

生のニンジンのすりおろしにローストしたニンジンやミカンを加えた
フルーティーかつ色鮮やかなたれで、鴨の腿肉のコンフィを和えた。
たれの味つけは控えめにして鴨、ニンジン、フェンネルという素材にフォーカス。
「加熱した野菜と生野菜を合わせ、味わいを深めた野菜衣」がテーマの一品だ。

材料

人参たれ
- ニンジン …… 4本
- セロリの葉 …… 1本分
- ミカン …… 1個
- A
  - オリーブオイル …… 80g
  - 濃口醤油 …… 80g
  - 酢 …… 80g
  - 砂糖 …… 9g
  - ミリン …… 6g
- スダチ …… 1個

鴨のコンフィ* …… 1本
ニンジン …… 適量
フェンネル …… 適量

*鴨のコンフィ／鴨の腿肉（骨付き）に塩と砂糖をふって一晩ねかせる。肉の水分をふきとり、80℃の油で約3時間加熱したもの

作り方

1 人参たれを作る。ニンジン1本とセロリの葉をアルミホイルで包み、180℃のオーブンで柔らかくなるまで焼く。冷ましてミキサーにかける。
2 ニンジン3本をすりおろす。
3 ミカンは薄皮をむき、果肉をほぐす。
4 ①、②、③、Aの調味料をすべて混ぜ合わせる。仕上げにスダチ果汁を絞る。
5 鴨のコンフィをフライパンで焼く。食べやすい大きさに肉をむしる。
6 ⑤を器に盛り、④の人参たれをかける。せん切りにしたフェンネル、せん切りにして塩（分量外）で水出ししたニンジンを添える。

鴨と無花果とくるみ、無花果和え

94
京料理
直心房
さいき

和え衣は、サングリアで煮詰めたイチジクと生のイチジクを同割にしたもの。
鴨肉の強い風味に合うように凝縮した果実味を出しつつ、
イチジクのプチプチした食感とフレッシュな香りも楽しめるようにとの狙いだ。
「具材がホタテやトリ貝なら、生イチジクだけでよいかもしれません」(才木氏)。

材料

合鴨蒸し煮
| 合鴨の胸肉 —— 1枚
| 濃口醤油 —— 100mL
| 煮切りミリン —— 100mL
| 煮切り酒 —— 400mL
イチジクの和え衣
| サングリア —— 750mL
| イチジク(加熱用) —— 5個
| グラニュー糖 —— 大さじ3
| イチジク(生) —— 15g
イチジク(仕上げ用) —— 適量
クルミ(煎る) —— 適量

作り方

1 合鴨蒸し煮を作る。合鴨の胸肉を掃除し、フライパンで焼色をつける。
2 濃口醤油、煮切りミリン、煮切り酒を合わせて煮立たせる。火を止めて①の胸肉を入れる。落し蓋をして、弱火でミディアムレアになるように火を入れる。
3 イチジクの和え衣を作る。サングリアを沸かし、皮をむいて適宜に切ったイチジク(加熱用)とグラニュー糖を加えて煮詰める。
4 1人分15gの③を取り、生のイチジク15gと合わせてミキサーにかける。
5 スライスした②の鴨胸肉と適宜に切った仕上げ用のイチジクを器に盛る。④の和え衣をかけて、クルミを散らす。

鶏、茄子ぬか漬け、ネギのみぞれ和え

95 悠々

鶏肉、ぬか漬け、焼きネギを合わせて土佐酢おろしで食べるこの品は
下田氏が修業時代に作って好評を博したまかない料理がベース。
土佐酢おろしのダイコンは、粗いすりおろしと細かいすりおろしを
混ぜ合わせることで一品としてのまとまりを生んでいる。

材料

鶏腿肉 …… 1枚
塩 …… 適量
白ネギ …… 1本
みぞれ和えの衣
　ダイコン …… 15g（絞った状態で）
　土佐酢（→57ページ）…… 10mL
ナスのぬか漬け …… 適量
万能ネギ …… 適量

作り方

1 鶏腿肉に塩をふり、冷蔵庫で一晩おく。フライパンで焼いて一口大に切る。
2 白ネギを焦げ目がつくまで焼き、1cm幅に切る。
3 みぞれ和えの衣を作る。ダイコンを目の粗いおろし金と目の細かいおろし金でそれぞれおろし、軽く水分を絞って合わせる。土佐酢を加え混ぜる。
4 ①、②、いちょう切りにしたナスのぬか漬けを合わせ、③の衣で和える。器に盛り、きざんだ万能ネギを散らす。

鶏肉塩麹焼きとオクラと落花生のとうもろこしあん和え

96
旬の菜と
旨い酒
おおはま

季節の野菜をすり流し風に仕立てているのは「おおはま」で定番の献立。
ここでは、最初にタマネギをバターで炒めるなど洋風の仕事も取り入れて
トウモロコシの風味を下支えし、ほっこり甘く、色合いも鮮やかな衣を作った。
具材の鶏の塩麹漬けは冷めても固くならず、冷製の料理にも使いやすい。

材料

とうもろこし餡
　タマネギ ……… 1/4個
　バター ……… 適量
　トウモロコシ ……… 1本
　鶏だし* ……… 200mL
　塩 ……… 適量
　コショウ ……… 適量
鶏腿肉 ……… 1枚
塩麹 ……… 鶏腿肉の10％量

オクラ ……… 適量
生落花生 ……… 適量
塩 ……… 適量

＊鶏だし／ゆで鶏を
作った際のゆを使用。
109ページ「新蓮根と
小松菜と鶏胸肉の塩昆
布和え」参照

作り方

1 とうもろこし餡を作る。タマネギをスライスし、バターで炒める。
2 トウモロコシの粒をばらし、①に加える。鶏だしを加え、柔らかくなるまで煮る。
3 ②をミキサーで撹拌し、漉す。塩、コショウで味をととのえる。
4 鶏腿肉に塩麹をぬり、揉み込む。約6時間冷蔵庫でねかせ、塩麹をふき取ってフライパンで焼く。
5 オクラは塩ゆでする。
6 生落花生は濃いめの塩水（分量外）で20分ほどゆでた後、30分ほど蒸らす。殻をむく。
7 ④〜⑥を③の衣で和える。

豚とキノコの朴葉味噌和え

97 赤坂 おぎ乃

コースで肉料理を提供する際は、豚やイノシシの朴葉焼きのように郷土料理にヒントを得たスタイルにすることが多い、と荻野氏。
白、赤、田舎味噌をブレンドしたコクの強い玉味噌で素材を和え、客前で加熱。
朴葉から立ち上る野趣あふれる香りが、秋冬のごちそう感を演出する。

材料

朴葉味噌
- 白味噌 …… 600g
- 田舎味噌 …… 200g
- 赤味噌 …… 200g
- 砂糖 …… 200g
- 酒 …… 250g
- 全卵 …… 6個
- 卵黄 …… 2個分

豚ロース …… 50g
塩 …… 少量
朴葉 …… 1枚
ゴマ油 …… 適量
八方だし …… 適量
ゴボウ …… 適量
シメジ …… 適量
クルミ …… 適量

作り方

1 朴葉味噌を作る。材料をすべて合わせて弱火にかけ、卵に火が入り全体がもったりするまで混ぜる。
2 豚ロースはスライスして薄く塩をふり、炭火で焼く。
3 朴葉にゴマ油を薄くぬり、八方だしで炊いた叩きゴボウとシメジをのせて卓上コンロにかける。
4 ③に①の朴葉味噌で和えた②の豚ロースをのせ、煎ったクルミを散らす。

黒豚と長葱と焼きとうもろこしの牛蒡すり流し和え

98
旬の菜と
旨い酒
おおはま

八方だしでしゃぶしゃぶのようにさっと熱した豚肉を
ゴボウのすり流しで和えるこの品は、「豚とゴボウの柳川鍋」からの発想。
ただし、夏らしく、すり流しは冷たくしてさっぱりと食べられる仕立てにした。
「寒い冬なら、温かいすり流しと冬野菜の組合せもよいですね」(大濱氏)。

材料

牛蒡すり流し
　タマネギ …… 1/4個
　太白ゴマ油 …… 適量
　ゴボウ …… 1本
　カツオ昆布だし …… 350mL
　濃口醤油 …… 45mL
　ミリン …… 45mL
豚肩ロース(黒豚) …… 200g
八方だし 　　　　適量
長ネギ …… 1本
トウモロコシ …… 1/2本
ミズナ …… 適量

作り方

1 牛蒡すり流しを作る。タマネギをスライスし、太白ゴマ油で炒める。スライスしたゴボウを加えてさらに炒め、カツオ昆布だし、濃口醤油、ミリンを加え、ゴボウが柔らかくなるまで煮る。ミキサーで撹拌し、必要なら濃口醤油で味をととのえる。

2 豚肩ロースは薄切りにし、八方だしでさっとゆでて下味をつける。食べやすい大きさに切る。

3 長ネギはうっすら焦げ目がつくまで焼く。一口大に切る。

4 トウモロコシは3分ほどゆでる。網にのせて表面を焼き、そぎ切りにする。

5 ミズナはゆでて食べやすい大きさに切る。

6 ②〜⑤を①の牛蒡すり流しで和えて器に盛る。

衣図鑑

和え衣心得

和えものの肝となるのは「衣」だ。

一見シンプルに見えるゴマ和え衣を例にとっても、煎り方、きざみ方の違いでさまざまなバリエーションが生まれる。「八雲茶寮」の梅原陣之輔氏は今回、タイプの異なる6種のゴマ和え衣を展開した。

[1] 焦げる寸前まで煎ったゴマを熱いつゆに落とし、爆ぜる香りと音を楽しむ「煎りゴマ」
[2] 油脂が出るまですってコクを出した「すりゴマ」
[3] ゴマの主張が軽く、和える素材が生きる「切りゴマ」
[4] 土っぽい味、香ばしさのある具材に合わせて強いコクを出した「ゴマペースト」
[5] 生ゴマミルクに火が入り、香りが出た瞬間の柔かく、深みのある風味を楽しむ「ゴマ餡」
[6] 干物と合わせて旨味を強めた「ゴマだし」
（行頭の数字は料理番号を示す）

梅原氏が用いるのは、白ゴマの皮をむいて精製した「みがきゴマ」が基本。皮がないため通常の白ゴマに比べて風味は控えめだが、ゴマ豆腐やゴマ餡が白くなめらかに仕上がる点、風味が強すぎず、具材に合わせて好みに焙煎できる点が気に入っているという。

白和えも、ゴマ和えと同じように基本的な和えもので、豆腐の水気の切り方に考え方の違いが表れる。しっかりと水気を切りたい場合は、豆腐を下ゆでするのが伝統的な手法。ゆでることで豆腐の内部の水分が沸騰し、外に抜けていく原理を活用したものだ。「旬の菜と旨い酒　おおはま」の大濱幸恵氏は、ゆでた後に重しをして、さらに念入りに水気を抜いている。

もう一つの手法は、豆腐を紙や布で包んで冷蔵庫におき、自然に水気を落とすというもの。豆腐の水分にも味があるととらえて、ほどよく水気が残った状態にする場合は半日ほど。しっかり抜くなら半日～1日が水抜きに要する時間の基準となる。

これらとは別の視点で発想し、同じ大豆から作った加工食品の湯葉で白和え衣を仕立てたのは、「悠々」の下田哲也氏。「豆腐の水切りには時間がかかります

し、しっかり抜いたと思っても、衣にするとすぐにだれて状態が悪くなってしまう。だったら、状態が安定し、味もよい生湯葉で試してみようと思いました」。

豆腐よりもコストは多少上がるものの、仕込みの短縮化に繋がり、お客からも好評で、今では店の定番になったという。

その他の和えもので衣として活躍するのが、土佐酢や玉味噌といった合わせ調味料の数々だ。「京料理　直心房さいき」の才木充氏は、田楽味噌を作る場合、赤味噌ベースなら八丁味噌のコクに負けない強い甘みと旨味のある三河ミリンを使い、白味噌ベースなら通常のミリンを使うなどして、バランスのよい味わいを意識する。また、ダイコンおろしは輪切りではなく、縦に切るか一本丸ごとおろして、ダイコン全体を味わえるようにするという。「江戸前　芝浜」の海原大氏は、江戸味噌や煎り酒といった江戸伝来の和え衣で、店の個性を表現している。右ページに代表的な合わせ調味料を、126ページからは本書に登場した衣の一覧を掲載した。和えもの作りの参考にしていただきたい。

本書に登場いただいた料理人が口を揃えるのは、和えものは多くの場合、「和え立て」が一番おいしいということ。八寸の中の一品として、あるいは造り替わりとして和えものを重宝するという「赤坂おぎ乃」の荻野聡士氏は、「八寸であっても作り立て、和え立てが基本。召し上がっていただく直前に香りのいい衣と具材を合わせます」と話す。ただし、中には和えて少しおいた方がおいしくなる品もあり、見極めが大切だ、と話すのは梅原氏。「素材の水分量が少ない場合は、味がなじむまでしばらくおくこともあります。逆に素材の水分量が多く味の変化が早い場合、お客さま自身に和えて食べていただくスタイルも考えます」。

最後に、和えものには「始末のよい料理」としての側面もある。蒸しアワビや煮アワビの端材を用いる、だしがらや茶がらを活用する、持ち越した刺し身を昆布締めにして使うなど、素材の有効利用に適している点は、現代の料理店として見逃せないメリットだろう。

代表的な合わせ酢

三杯酢 [酢＋醤油＋砂糖またはミリン]	和えものや酢のもの全般に。 他の合わせ酢のベースに。
二杯酢 [酢＋醤油]	和えものや酢のもの全般に。 他の合わせ酢のベースに。
甘酢 [酢＋砂糖＋ミリンなど]	野菜の甘酢漬けなどに。
土佐酢 [三杯酢＋カツオ節 またはカツオだしなど]	下味がついた素材の和えもの、 野菜の酢のものなどに。
山葵酢 [三杯酢＋ワサビなど]	海藻やタコなどの和えものに。
木の芽酢 [三杯酢＋木の芽]、 [土佐酢＋木の芽など]	魚の昆布締めや薄塩をあてた 造りなどに。
みぞれ酢 [三杯酢＋ダイコンおろしなど]	海藻やタコなどの和えものに。
緑酢 [土佐酢＋キュウリなど]	川魚の造りなど、夏の魚料理に。
タデ酢 [三杯酢＋タデの葉]、 [二杯酢＋タデの葉]	アユ料理に。
ゴマ酢 [二杯酢＋ゴマ]、 [三杯酢＋ゴマ]	和えもの全般に。
梅肉酢 [甘酢＋梅肉]、 [梅肉＋砂糖＋酒]	ナガイモやユリネなどの野菜に。 ホタテなどの魚介類に。
吉野酢 [土佐酢＋葛粉]	温めた土佐酢に葛粉を溶かす。 魚介料理に。料理の表面のツヤ 出しに。
黄身酢 [卵黄＋酢＋砂糖＋塩など]	下味をつけた貝料理などに。
ポン酢 [土佐酢＋柑橘果汁など]	鍋料理や焼き魚に。
白酢 [白和え衣＋酢など]	ゆでたアナゴやエビの和えもの、 たたきゴボウなどに。
加減酢 [だし＋酢＋淡口醤油など]	酢そのものを味わいたい料理に。

＊カッコ内は代表的な材料の組合せを示す。

代表的な合わせ味噌

玉味噌(白) [白味噌、卵黄、ミリン、酒など]	木の芽味噌や柚子味噌などの ベースに。
玉味噌(赤) [赤味噌、卵黄、ミリン、 砂糖、酒など]	酢味噌などのベースに。 朴葉焼きに。
玉味噌(田舎) [田舎味噌、卵黄、酒、ミリン、 砂糖など]	酢味噌などのベースに。 田楽に。
柚子味噌 [玉味噌(白)＋黄柚子]	田楽、ふろふき大根、 白身魚の和えものなどに。
木の芽味噌 [玉味噌(白)＋青寄せ＋木の芽]	タケノコや春の魚介の 和えものに。
ゴマ味噌 [玉味噌(田舎)＋ゴマ]	野菜や魚介の和えものに。
クルミ味噌 [玉味噌(白)(赤)(田舎)＋ クルミ＋煮切り酒など]	野菜や果物の和えものに。
酢味噌 [玉味噌(白)(赤)＋酢など]	ぬたや和えもの全般に。
辛子酢味噌 [玉味噌(田舎)＋酢＋辛子]	アサリ、アカガイ、マグロの ぬたなどに。

代表的な合わせ醤油

土佐醤油 [醤油＋だし＋酒＋ カツオ節＋昆布]	魚介料理全般に。
梅肉醤油 [梅干し＋醤油]、 [梅干し＋土佐醤油]	白身魚の造りなどに。 土佐醤油を使うとハモなど あっさりした魚介に合う。
辛子醤油 [醤油＋だし＋辛子]	カツオの造りや肉の 和えものなどに。
肝醤油 [白身魚やアワビの肝＋ 醤油＋ミリン＋酒]	白身魚の造りやとも和えに。
黄身醤油 [卵黄＋醤油＋おもゆなど]	魚介の造りや和えものに。
煎り酒 [水＋酒＋梅干し＋カツオ節＋ 昆布＋淡口醤油]	白身魚の昆布締めなどに。

ゴマ和えの衣

ひと口にゴマといっても白ゴマ、黒ゴマ、金ゴマなどの種類があり、
それぞれに味、色、香り、コク、食感などの特徴が異なる。
また、皮ごと使うか、皮を取り除いたみがきゴマを使うかや、
焙煎の度合いによっても料理の仕上がりが変わってくる。

煎りゴマ
八雲茶寮［1］

すりゴマ
八雲茶寮［2］

切りゴマ
八雲茶寮［3］

ゴマペースト
八雲茶寮［4］

みがきゴマ、煮切り酒、淡口醤油、
濃口醤油、砂糖

ゴマ餡
八雲茶寮［5］

みがきゴマ、昆布だし、
葛粉、酒、塩

ゴマだし
八雲茶寮［6］

アイゴの一夜干し、みがきゴマ、
淡口醤油、ミリン、砂糖

ゴマ和え衣
悠々［7］

白ゴマ、砂糖、濃口醤油、
お浸し（シイタケ）の地

黒ゴマ味噌
江戸前 芝浜［14］

黒ゴマ、白味噌、煮切りミリン、
濃口醤油

白和えの衣

基本的な材料は豆腐、塩、醤油のみの、ごくシンプルな和え衣。
砂糖やゴマペーストを加える場合もあるが、
いずれの場合も豆腐の旨味が十分に感じられ、なおかつ
水っぽさを排したなめらかな食感を引き出すことがポイントだ。

白和え衣
京料理 直心房 さいき ［15］
京豆腐、塩、砂糖、淡口醤油

白和え衣
江戸前 芝浜 ［18］
豆腐（木綿）、塩

白和え衣
八雲茶寮 ［21］
豆腐（絹ごし）、塩、ナシ果汁、
砂糖、ミリン、淡口醤油

白和え衣
赤坂おぎ乃 ［23］
豆腐（絹ごし）、ゴマペースト、濃口醤油、
日本酒（純米大吟醸）

和風白和え衣
旬の菜と旨い酒 おおはま ［25］
豆腐（木綿）、白ゴマペースト、
砂糖、淡口醤油

湯葉和え衣
悠々 ［22］
湯葉、塩、淡口醤油

辛子豆腐
京料理 直心房 さいき ［16］
京豆腐、一番だし、淡口醤油、
練り辛子

中華風白和え衣
旬の菜と旨い酒 おおはま ［26］
豆腐（木綿）、すり白ゴマ、
オイスターソース、ゴマ油、塩

洋風白和え衣
旬の菜と旨い酒 おおはま ［27］
豆腐（木綿）、マスカルポーネチーズ、
白ゴマペースト、砂糖、塩

白酢
江戸前芝浜 ［20］
豆腐（絹ごし）、塩、米酢

味噌和えの衣

味噌ほど郷土色や地域性が色濃く出る調味料はないだろう。
白味噌、赤味噌、麦味噌など種類により味わいや色は千差万別で、
酢味噌、辛子味噌、木の芽味噌などバリエーションを広げやすく、
さらには素材にからみやすいなど、まさに和え衣のための素材だ。

酢味噌
江戸前芝浜［65］
味噌（江戸甘味噌）、赤酢

辛子酢味噌
赤坂おぎ乃［34］
白玉味噌、酢、辛子

辛子酢味噌
京料理 直心房 さいき［39］
田楽味噌（白）、米酢、辛子

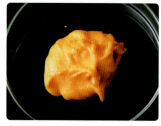

一味酢味噌
悠々［41］
白味噌、煮切りミリン、酢、卵黄、
一味トウガラシ

酒粕味噌ソース
旬の菜と旨い酒 おおはま［57］
酒粕（純米吟醸）、牛乳、
信州味噌

納豆味噌
京料理 直心房 さいき［66］
納豆（小粒）、田楽味噌（赤）、
一番だし

みがらし味噌
旬の菜と旨い酒 おおはま［69］
麦味噌、砂糖、粉辛子、酢、
酒、柑橘の果汁

クルミ味噌
赤坂おぎ乃［70］
白玉味噌、クルミペースト、
クルミ

うるか味噌
八雲茶寮［77］
うるか、田舎味噌、卵黄、
酒、ミリン

木の芽味噌
赤坂おぎ乃［81］
白玉味噌、木の芽、青寄せ

野菜の衣

現代的なニーズをつかむ上で欠かせない、野菜でできた和え衣。
色鮮やかに仕上げるには酸化による退色を防ぐことが重要で、
野菜を生で使う、加熱する、両者をブレンドする、などに加え、
油脂によるコーティング等、素材の特徴に応じた調理が求められる。

青豆ぬた衣
江戸前芝浜 [55]
エダマメ、味噌、酢

ずんだ衣
赤坂おぎ乃 [83]
エダマメ、昆布だし

ずんだ衣
京料理 直心房 さいき [84]
エダマメ、昆布だし、塩

梅おろし
赤坂おぎ乃 [47]
ダイコンおろし、梅肉

おろしポン酢
八雲茶寮 [59]
ダイコンおろし、ハクサイの芯、
合わせだし、ポン酢など

みぞれ和え衣
悠々 [95]
ダイコンおろし、土佐酢

緑酢
赤坂おぎ乃 [46]
キュウリ、タデの葉、酢、
砂糖、塩

人参たれ
八雲茶寮 [93]
ニンジン、セロリの葉、ミカン、オリーブオイル、
濃口醤油、酢、砂糖、ミリン、スダチ

トウモロコシ餡
旬の菜と旨い酒 おおはま [96]
トウモロコシ、タマネギ、バター、鶏だし、
塩、コショウ

ゴボウすり流し
旬の菜と旨い酒 おおはま [98]
ゴボウ、タマネギ、太白ゴマ油、
カツオ昆布だし、濃口醤油、ミリン

さまざまな和え衣

ゼラチンで固めてからゴマ油で乳化させた「太白醬油」、
イタリアと日本のハーブを融合させた「大葉ジェノベーゼ」、
日本茶のだしがらに鮮烈な酸味と辛みをきかせた「生山葵酢」など、
既存の枠組みに収まらない新機軸の和え衣を中心に紹介。

大葉ジェノベーゼ
旬の菜と旨い酒 おおはま ［31］
オオバ、クルミ、ニンニク、EVオリーブオイル、
粉チーズ、塩、黒コショウ

松の実和えの衣
悠々 ［32］
松の実、塩、淡口醬油

太白醬油
悠々 ［42］
土佐醬油、カツオ昆布だし、板ゼラチン、
太白ゴマ油

きらず（おから）衣
八雲茶寮 ［50］
おから、アラだし、
カジキマグロの漬け汁

酒盗黄身衣
八雲茶寮 ［52］
カツオの酒盗、酒、卵黄、
ミリン、濃口醬油

梅肉和えの衣
悠々 ［54］
梅肉、土佐醬油、煮切りミリン

蓼酢
江戸前 芝浜 ［60］
タデの葉、酢、塩

柚子胡椒たれ
八雲茶寮 ［64］
煮切り酒、ミリン、たまり醬油、濃口醬油、
ショウガの絞り汁、カボス果汁、柚子胡椒

煎り酒
江戸前 芝浜 ［67］
酒、梅干し、カツオ節、
塩、濃口醬油

なまり節
江戸前 芝浜 [79]

カツオ、塩

クリームチーズ衣
悠々 [80]

クリームチーズ、塩

だしがら煎り煮
八雲茶寮 [82]

カツオ節のだしがら、水、酒、
濃口醤油、ミリン、ゴマペースト、
白炒りゴマ、カツオ節

玉露山葵酢
八雲茶寮 [86]

酢、スダチ果汁、淡口醤油、
茶（玉露）、ワサビ

ヌカスパイス
八雲茶寮 [87]

アーモンド、ヘーゼルナッツ、コリアンダーシード、
炒りゴマ、キャラウェイシード、クミンパウダー、
昆布粉、シイタケ粉、炒りぬか

黄身餡
赤坂おぎ乃 [90]

卵黄、二番だし、
淡口醤油

海苔山葵
悠々 [92]

海苔、二番だし、
土佐醤油、ワサビ

京料理 直心房さいき

京都市東山区八坂鳥居前下ル上弁天町443-1
☎ 075-541-8630
https://www.kyoto-saiki.com

才木 充（さいき みつる）

1968年京都生まれ。同志社大学卒業後、「京都グランヴィアホテル」などで料理長を務めた村上一氏の元で約7年間修業を積む。その後、実家である京都・北山「さいき」に戻り三代目を継承。2009年10月、移転して現店を開業。並行して農学博士・伏木亨氏に師事し、料理人の視点から調理科学の研究に携わる。2021年、龍谷大学大学院農学研究科博士後期課程修了。博士（食農科学）。

八雲茶寮

東京都目黒区八雲3-4-7
☎ 03-5731-1620
https://yakumosaryo.jp

梅原 陣之輔（うめはら じんのすけ）

1969年大分県生まれ。京都「たん熊北店」などで修業後、2006年から大分県のアンテナショップ型レストラン、東京・銀座「坐来（ざらい）大分」で8年間総料理長を務める。2017年、クリエイティブディレクター緒方慎一郎氏が率いる㈱SIMPLICITYに入社し、「八雲茶寮」総料理長に就任。大分県をはじめ日本各地の伝統食材や郷土料理の保存、水産資源保護活動にも力を注ぐ。

旬の菜と旨い酒 おおはま

神奈川県鎌倉市御成町4-15
☎ 0467-38-5221
https://www.instagram.com/kamakura_oohama

大濱幸恵（おおはま ゆきえ）

1976年愛媛県生まれ。東京農工大学大学院修了。東京都衛生局（当時）で食品衛生関連業務に携わった後、料理の道に。調理学校の日本料理コースを経て、東京・早稲田「日本料理松下」、同・代々木上原「笹吟」、同・新橋「いし井」で修業。2010年、東京・阿佐ヶ谷で独立、2014年に神奈川・鎌倉に移転。2023年4月から休業して調理学校と現地でイタリア料理を学び、2024年4月に営業再開。

悠々

京都市北区小山北上総町8　1階
☎ 075-493-3373
https://www.instagram.com/yuhyuht2

下田哲也（しもだ　てつや）

1978年京都市生まれ。京都・祇園「竹馬」や、「和久傳」グループ各店で修業を積み、2018年に独立。カウンター8席を下田夫妻が二人三脚で回し、開業以来コースとアラカルトの二本立てを貫く。約40種を用意する単品メニューは白味噌仕立ての牛タン煮や和風麻婆豆腐など遊び心のある構成。締めの食事も10種超を用意し、カウンター割烹ならではの「選ぶ楽しみ」をお客に提案する。

江戸前 芝浜

東京都港区芝2-22-23　1階
☎ 03-3453-6888
http://www.taika-shiba.com

海原 大（かいばら　ひろし）

1979年東京都生まれ。神奈川・葉山の「日影茶屋」、東京・白金「心米」などで修業する。2016年、東京・芝に「食事 太華」を開業。2019年に近隣に移転し、店名を「江戸前 芝浜」にあらためてリニューアルオープン。江戸料理研究家の福田浩氏（大塚・なべ家元主人）に私淑し、文献などを元に江戸の町人料理を研究。独自の解釈も加えて再現した「江戸前料理」を、コース仕立てで提供する。

赤坂おぎ乃

東京都港区赤坂6-3-13　1階
☎ 03-6277-8274
https://akasakaogino.com

荻野聡士（おぎの　さとし）

1987年東京都生まれ。高校卒業後、京都・嵐山「京都吉兆 嵐山本店」で8年間修業。東京・銀座「銀座 小十」で奥田 透氏の薫陶を受け、「銀座 奥田」では3年間料理長としてカウンターに立つ。2020年3月、「赤坂おぎ乃」を開業。7席のカウンターで八寸を組み込んだおまかせコースを提供する。2023年10月、監修する和スイーツ店「赤坂おぎ乃 和甘」を東京・虎ノ門ヒルズに出店。

店別索引

京料理 直心房さいき

白ずいきとクラゲのごま和え
→P20［ゴマ和え］
干瓢と大徳寺麩 ユリネ 栗 干し椎茸の白和え
→P26［白和え］
あん肝と小芋、辛子豆腐和え
→P27［白和え］
ささみ、シメジ、マスカット、ささげの白酢和え
→P28［白和え］
イカ明太和え
→P43［魚介の和えもの］
岩牡蠣と賀茂茄子 柚子味噌和え
→P52［魚介の和えもの］
ツブ貝のぬた、ワケギ
→P54［魚介の和えもの］
穴子とかつら瓜、土佐酢和え
→P59［魚介の和えもの］
鰻と焼き茄子、梅おろし和え
→P63［魚介の和えもの］
カマスの緑酢和え
→P68［魚介の和えもの］
締めサバと聖護院かぶらの林檎和え
→P73［魚介の和えもの］
鱧の親子和え
→P79［魚介の和えもの］
鮪納豆味噌和え、ワケギ
→P82［魚介の和えもの］
水茄子と新銀杏、ずんだ和え
→P104［野菜、果物、豆の和えもの］
鴨と無花果とくるみ、無花果和え
→P116［肉の和えもの］

八雲茶寮

大根そばの煎りごま和え
→P10［ゴマ和え］
きのこと菊菜のすりごま和え
→P11［ゴマ和え］
柿と蕪の切りごま和え
→P12［ゴマ和え］
ちぢみ法蓮う て菜と牛蒡のごま和え
→P13［ゴマ和え］
牡蠣とゆり根の胡麻あん
→P14［ゴマ和え］
アイゴの胡麻だし和え 大葉包み
→P15［ゴマ和え］
菊月 梨と菊花の白和え
→P32［白和え］

きらすまめし
→P65［魚介の和えもの］
鰹と芥子椎茸の酒盗和え
→P67［魚介の和えもの］
鯛尾煮凝り おろしポン酢和え
→P74［魚介の和えもの］
ぶり りゅうきゅう
→P80［魚介の和えもの］
精進和え 白隠元豆、海藻、スダチ
→P92［野菜、果物、豆の和えもの］
うるか小芋
→P97［野菜、果物、豆の和えもの］
だしがら煎り煮 豆腐 カリカリ梅 青菜
→P102［野菜、果物、豆の和えもの］
玉露とマスカットの山葵酢和え
→P106［野菜、果物、豆の和えもの］
ブロッコリー へしこヌカスパイス和え
→P107［野菜、果物、豆の和えもの］
鴨とフェンネルの人参たれ和え
→P115［肉の和えもの］

旬の菜と旨い酒 おおはま

鯛と豆苗と茗荷のピリ辛ごま味噌酢和え
→P18［ゴマ和え］
カニカマと春菊ときのこと菊花の胡麻酢和え
→P19［ゴマ和え］
海老と枝豆とひじきの和風白和え
→P37［白和え］
ピータンとトマトと生木耳と高菜の中華白和え
→P38［白和え］
桃とブドウとナッツの洋風白和え
→P39［白和え］
やりいかと金糸瓜とおかひじきの明太子和え
→P44［魚介の和えもの］
タコとジャガイモとモロッコいんげんの大葉ジェノベーゼ和え
→P45［魚介の和えもの］
海老とアボカドと長芋のなめたけ和え
→P47［魚介の和えもの］
小帆立とゴーヤの柚子胡椒サルサソース和え
→P55［魚介の和えもの］
鯵と胡瓜と若芽の青唐醤油和え
→P58［魚介の和えもの］
カジキマグロと万願寺唐辛子とかぼちゃの青唐味噌たまごそぼろ和え
→P64［魚介の和えもの］
スモークサーモンと筋子とオクラの叩きモロヘイヤ長芋和え
→P71［魚介の和えもの］
鮭と舞茸と里芋と奈良漬の酒粕味噌ソース和え
→P72［魚介の和えもの］
炙り太刀魚とアスパラガスと花びら茸の黄身醤油和え
→P77［魚介の和えもの］
冷やしミニおでんのみがらし味噌和え
→P88［野菜、果物、豆の和えもの］
いちじくと加茂茄子と生麩の田楽味噌和え
→P91［野菜、果物、豆の和えもの］

キャベツと紫玉葱と生ハムのヴィネグレットソース和え
→P96［野菜、果物、豆の和えもの］
新蓮根と小松菜と鶏胸肉の塩昆布和え
→P109［野菜、果物、豆の和えもの］
鶏肉塩麹焼きとオクラと落花生のとうもろこしあん和え
→P118［肉の和えもの］
黒豚と長葱と焼きとうもろこしの牛蒡すり流し和え
→P120［肉の和えもの］

悠々

ズッキーニ塩麹づけ、茸の焼き浸し、利休麩のごま和え
→P16［ゴマ和え］
あげ、隠元、クラゲのごま酢和え
→P17［ゴマ和え］
トウモロコシ、アスパラガス、海老の湯葉和え
→P34［白和え］
海老と青菜の松の実和え
→P46［魚介の和えもの］
北寄貝、南京麩、モロッコインゲンの一味酢味噌和え
→P56［魚介の和えもの］
鯵と薬味、太白醤油和え
→P57［魚介の和えもの］
クロムツ、ハスイモ、ダツの梅肉和え
→P69［魚介の和えもの］
すぐきとリンゴのクリームチーズ和え
→P100［野菜、果物、豆の和えもの］
合鴨蒸し煮、水菜、鷹峯トウガラシの海苔山葵和え
→P114［肉の和えもの］
鶏、茄子ぬか漬け、ネギのみぞれ和え
→P117［肉の和えもの］

江戸前 芝浜

鮑と根芋の黒ごま味噌和え
→P23［ゴマ和え］
ひじきの白和え
→P29［白和え］
芝海老と白キスの白和え
→P30［白和え］
氷蒟蒻の白酢和え
→P31［白和え］
浅利臭和え
→P49［魚介の和えもの］
サザエと新ゴボウの梅肉和え
→P53［魚介の和えもの］
鮭の青ぬた
→P70［魚介の和えもの］
鱧のむしり身の蓼酢和え
→P76［魚介の和えもの］
マグロのぬた
→P81［魚介の和えもの］
三種和え　白ウリ、ミョウガ、蒟蒻
→P86［野菜、果物、豆の和えもの］

白瓜なまり節和え
→P99［野菜、果物、豆の和えもの］
はじき葡萄
→P105［野菜、果物、豆の和えもの］
百合根　梅ケ香和え
→P108［野菜、果物、豆の和えもの］
鴨のがぜち和え
→P113［肉の和えもの］

赤坂おぎ乃

ホッキ貝とインゲンのごま和え　生姜醤油
→P21［ゴマ和え］
ほうれん草のお浸し　椎茸炭火焼　ごま酢和え
→P22［ゴマ和え］
巨峰、さくらんぼ、マンゴーの白和え
→P35［白和え］
揚げアボカドとトマトの白酢和え
→P36［白和え］
アオリイカのからすみ和え
→P42［魚介の和えもの］
赤貝のぬた
→P48［魚介の和えもの］
鮑の肝和え
→P50［魚介の和えもの］
甘鯛のおろし和え　くちこ
→P60［魚介の和えもの］
鮎の背越　緑酢和え
→P61［魚介の和えもの］
イワシの梅おろし和え
→P62［魚介の和えもの］
鰹の玉ねぎ醤油和え
→P66［魚介の和えもの］
鱧の鱧子和え　梅肉　胡瓜
→P78［魚介の和えもの］
夏野菜の和え物
→P87［野菜、果物、豆の和えもの］
いちじくのくるみ味噌和え
→P90［野菜、果物、豆の和えもの］
蕪の梅肉鰹節和え
→P93［野菜、果物、豆の和えもの］
きのことイクラのおろし和え
→P94［野菜、果物、豆の和えもの］
キャベツの金山寺味噌和え
→P95［野菜、果物、豆の和えもの］
小松菜と油揚げのお浸し
→P98［野菜、果物、豆の和えもの］
筍と粟麩の木の芽味噌和え
→P101［野菜、果物、豆の和えもの］
茄子のずんだ和え　ウニ　鮑
→P103［野菜、果物、豆の和えもの］
アスパラと牛肉の黄身餡和え
→P112［肉の和えもの］
豚とキノコの朴葉味噌和え
→P119［肉の和えもの］

和えもの百科
日本料理店の和えもの
アイデアと技法

初版印刷　2025年1月25日
初版発行　2025年2月10日

編者©　　柴田書店
発行者　　丸山兼一

発行所　　株式会社柴田書店
　　　　　〒113-8477　東京都文京区湯島3-26-9　イヤサカビル
　　　　　営業部　03-5816-8282（注文・問合せ）
　　　　　書籍編集部　03-5816-8260
　　　　　https://www.shibatashoten.co.jp

印刷・製本　　シナノ書籍印刷株式会社

本書掲載内容の無断転写・複写（コピー）・データ配信等の行為は固く禁じます。
乱丁・落丁本はお取替えいたします。

ISBN 978-4-388-06390-1　C2077

Printed in Japan
©Shibatashoten 2025

撮影　　　合田昌弘（八雲茶寮、旬の菜と旨い酒 おおはま、江戸前 芝浜、赤坂おぎ乃）
　　　　　上仲正寿（悠々）、高見尊裕（京料理 直心房さいき）
デザイン　吉澤俊樹（ink in inc）
編集　　　丸田 祐、淀野晃一